Karl Richard Lindscheid

Dante in Pomposa

und andere Geschichten

AF199948

Karl Richard Lindscheid

Dante in Pomposa

und andere Geschichten

Bibliografische Informationen der Deutschen National-
bibliothek:
Die Deutsche Nationalbibliothek verzeichnet diese Publikation
in der Deutschen Nationalbibliografie; detaillierte
bibliografische Daten sind im Internet unter http://dnd-dnb.de
abrufbar.

© 2020 Lindscheid, Karl Richard
Herstellung und Verlag: BoD – Books on Demand, Norderstedt
ISBN 9 783751 918374

Widmung

Für Annette – natürlich

Inhalt

Dante in Pomposa

I

Dante, der große Dichter, war in politischer Mission unterwegs nach Venedig. Er liebte diese Reise nicht, sie war beschwerlich und dauerte mehrere Tage. Zudem war der Erfolg seiner Mission ungewiss, er ahnte, er kehre ohne konkretes Verhandlungsergebnis zu seinem Fürsten zurück. Er fühlte sich alt und müde. Was hieß schon „zu seinem Fürsten"? Er war keines Fürsten Knecht. Die Freiheit des Geistes stand allemal über Reichtum und weltlicher Macht. Aber Guido Novello da Polenta, der Fürst Ravennas, war großzügig. Er ließ seine, Dantes, Bücher verbreiten, er versorgte ihn materiell und schützte ihn vor florentinischen Nachstellungen. Der Dichter hatte in dieser Hinsicht keine Sorgen und hatte als politisch denkender Mensch keine Argumente bereit, Polenta den Wunsch, mit der Serenissima zu verhandeln, abzuschlagen.

Dante zog die Mundwinkel herunter. Er dachte an endlose Verhandlungen, zäh, ohne Ergebnis. Er schüttelte den Kopf und murmelte: „Vielleicht, vielleicht". „Ist etwas mit euch, Messer Alighieri?" Salvatore, der Majordomus des Fürsten, zur Begleitung abkommandiert, sprengte an des Dichters Seite. „Geht es euch nicht gut, seid ihr nicht zufrieden? Ihr habt euer Gesicht bewegt und etwas gemurmelt, als sei etwas nicht in Ordnung." „Nein, es ist alles gut", sagte der Dichter. „Mit mir ist nichts. Ich musste gerade nur an Venedig denken und an die zähen Verhandlungen mit der Serenissima. Aber der Zelter geht gut, sogar sehr gut. Es ist ein edles Tier."

Dante wollte den Majordomus nicht vor den Kopf stoßen. Dieser war ehrlich bemüht um sein Wohlergehen und konnte nicht um den Zwiespalt in Dantes Brust wissen, als Dichter,

Philosoph und politisch denkender Mensch in subalterner Mission irgendwohin geschickt zu werden. Dante wollte das Gespräch fortsetzen. Ein Gedanke schoss ihm durch den Kopf. „Was denkt ihr, verliert ein Pferd seinen Charakter, wenn man ihm den Passgang anerzieht?"

Salvatore stutzte, aber sein breites, pockennarbiges Gesicht blieb unbewegt. Er schwieg eine Weile, aber dann begann er, wie es seine Art war, bedächtig zu sprechen. „Meister, ihr sitzt auf einem edlen Pferd. Das habt ihr selbst gesagt. Ein edles Pferd bleibt ein edles Pferd, gleich, welchen Gang es geht. Außerdem: Nur edle Pferde lassen sich diesen Gang anerziehen. Euer Pferd geht die Gangart, die eines Fürsten oder des Papstes würdig ist und eurer natürlich, Messer Alighieri. Pferde, die diese Gangart beherrschen, haben einen großen Charakter, darüber hinaus werden sie durch ihren Reiter geadelt." Er machte eine Pause. „Genügt euch meine Antwort?", fragte er den Dichter. „Auf jeden Fall", antwortete dieser. „Sie zeigt mir, dass ihr ein verständiger Mann seid und euch auf Pferde gut versteht. Und mich gut versteht, wie es scheint."

Salvatore murmelte ein leises „Danke, Messer Alighieri", und machte sich daran, erst das Ende und dann den Anfang der Eskorte zu kontrollieren. „Seid höflich zu ihm", hatte ihm sein Fürst gesagt. „Er ist ein Mann des Geistes und wird auf diesem Gebiet weiterleben, wenn wir anderen längst in unseren Gräbern modern. Aber er ist auch ein alter Mann und wird langsam übellaunig. Unsere Mission gefällt ihm nicht, aber es gibt keinen Besseren. Salvatore, haltet ihn bei Laune, so gut ihr könnt, lasst es ihm an nichts fehlen, aber wenn ihr es nicht so schafft, wie er es will, denkt nicht weiter darüber nach. Es gibt Menschen, die werden nie zufrieden."

Salvatore hatte die Inspektion der Eskorte beendet. Alles war in Ordnung. Es war später Nachmittag. Der Primaro war längst überquert und auch Comacchio lag längst hinter ihnen. Bald wäre Passo Pomposa erreicht, eine gute Herberge am Po di Volano. Sie ritten weiter. Eine lange Baumreihe kündigte den Volano an. Salvatore blieb wachsam. Die Romea, auf der sie reisten, war die Pilgerstraße von Venedig nach Ravenna, aber sie lockte auch allerlei Gesindel an, welches man sich – zur Not auch mit Waffengewalt – vom Halse halten musste.

II

Der Volano war erreicht. Am Übergang über diesen auf der nördlichen Seite war die Herberge, die ihr Nachtquartier darstellen sollte, gelegen. Sie ritten ein kurzes Stück den Volano hinan, überquerten diesen auf einer Brücke, die aus flachen Booten, Flößen ähnlich, bestand, die mit Brettern verbunden waren – und standen vor den Trümmern der ehemaligen Herberge. Salvatore runzelte die Stirn. „Gesindel", sagte er, „Gesindel." Dante kannte die politische Lage in seiner Heimat nur zu gut, ihretwegen befand er sich im Exil. Neben den „offiziellen" Kämpfen zwischen den kaiserlichen Ghibellinen und den papsttreuen Guelfen, bei denen letztere sich noch in „schwarze" und „weiße" unterteilten, gab es Fürsten, die taktierten und durch Rotten und Gesindel, ex officio ohne Befehl und Auftrag, aber durch heimlich zugestecktes Geld ermuntert, dem Nachbarn, auch wenn er gerade ein Verbündeter war, aufzeigen wollten, dass er doch nicht bis in den letzten Winkel seines Territoriums regieren konnte.

4

Ein junger Mann in der Kutte eines Laienbruders kam aus den stehengebliebenen Grundmauern der ehemaligen Herberge hervor. „Die Brücke haben sie stehen gelassen, die Herberge nicht", sagte er ohne weitere Erklärungen. „Messer Alighieri, der Abt von Pomposa bietet euch und eurer Begleitung seine bescheidene Herberge für die Nacht an." Als gäbe es keinen Widerspruch, fügte er hinzu: „Folgt mir bitte", und begann in die Richtung der Abtei zu schreiten, deren Glockenturm wie ein Wahrzeichen die Landschaft beherrschte – ohne sich umzusehen oder eine weitere Bemerkung zu machen. Salvatore sah den Dichter an, der aber nickte nur und sagte etwas müde: „Wir folgen". Es war nicht so, dass Dante den Abt von Pomposa nicht schätzte, der war ein diplomatischer, aber in sanfter Art durchsetzungsstarker Gottesmann. Dante fürchtete aber im Augenblick die Gespräche mit ihren überraschenden Wendungen, die er ansonsten gerne zu führen pflegte, die aber seiner derzeitigen Gemütslage abträglich sein konnten.

Der Laienbruder klopfte, als er mit seinen Gästen die Abtei erreicht hatte, an die Pforte. Ein Mönch in der braunen Kutte der Benediktiner öffnete. „Paolo, da bist du ja mit deinen Gästen", sagte er und fügte, gegen den Dichter gewandt, hinzu: „Seid gegrüßt, Messer Alighieri. Guido, unser Abt, erwartet euch schon." Und, gegen Salvatore und seine Männer gewandt, sprach er: „Ich zeige euch gleich die Stallungen für die Pferde, dort könnt ihr sie versorgen. Später bekommt ihr in der Küche der Abtei euer Nachtmahl." Paolo, der Laienbruder, zupfte an des Dichters Ärmel. „Großer Meister, Guido, unser Abt, wird sich freuen, euch begrüßen zu dürfen." Dante sah den Laienbruder genauer an. Er wirkte nicht so jung, wie es am Ufer des Volano den Anschein gehabt hatte. Das Leben hatte Falten in sein Gesicht eingegraben, aber es waren keine herben Falten und die Augen waren klar und leuchtend. Irgendetwas kam ihm an diesem Manne bekannt vor, es war ihm, als hätte er ihn schon einmal gesehen, aber nicht in dieser grauen Kutte aus Sackleinen.

Der Dichter folgte Paolo durch die Gänge des Klosters, etwas ungläubig ob der Tatsache, dass gerade ein Laienbruder ihn, den bedeutenden Dichter, zu dem Vorsteher dieser bedeutenden Abtei geleiten durfte.

III

Guido, der Abt, hatte sich zur Begrüßung erhoben. „Messer Alighieri, ich freue mich, euch hier begrüßen zu dürfen. Ich gebe zu, die Umstände eures Kommens werden euch nicht befriedigen, und ich nehme an, ihr wolltet euch in der Herberge am Volano sammeln für eine sicherlich schwierige Mission, vielleicht wolltet ihr auch in Ruhe über ein neues Werk nachsinnen. Nehmt es so, wie es ist", er wies auf einen reich gedeckten Tisch, „speist, wie es sich eines Fürsten des Geistes geziemt, und bestimmt selbst den Zeitpunkt, wenn ihr euch in eure Kemenate zurückziehen wollt." Dante erwiderte die Begrüßung in wohlgesetzten Worten, er habe der Gastfreundschaft des Abtes keinesfalls ausweichen wollen, vielmehr habe er sie so oft in Anspruch genommen, dass er auf der jetzigen Reise nicht erneut in die klösterliche Ruhe habe eindringen wollen, insgesamt sich darüber ärgernd, dass der Abt seine Werke zwar hochhielt, aber immer in ihm den Menschen sah, der sie verfasst hatte. „Wie geht ihr als Mensch mit der Ehre um, die euren Werken zuteilwird?", hatte der Abt ihn bei der letzten Begegnung gefragt.

Abt und Dichter nahmen am Tisch Platz und zur Überraschung Dantes fungierte Paolo als Mundschenk, indem er den Wein ausschenkte und die Speisen darbot. Der Abt ließ sich durch die Anwesenheit des Laienbruders nicht inkommodieren und ließ es auch zu, dass dieser sich gelegentlich in die Unterhaltung einmischte. „Nehmt etwas Aal, großer Meister." Paolo hielt Dante eine Platte hin, auf der Aale lagen, kunstvoll in Form einer Acht gedreht. „Sie werden über der Glut gebraten. Sie sind ganz frisch." Dante, der um seine Galle fürchtete, nahm gegen die Gewohnheit ein Stück. Der Aal schmeckte köstlich und bekömmlich und war überhaupt nicht fett. Dante nickte. „Das nenne ich ein gutes Mahl." Er hob den Becher mit Wein, hielt ihn erst in die Richtung des Abtes, dann kurz gegen Paolo. „Ich danke für die freundliche Aufnahme und die Köstlichkeiten des Meeres und der Reben. Sagt, Abt Guido, sind die Aale von Comacchio?" Da fielen die Worte Paolos in die Unterhaltung: „Großer Meister, glaubt ihr wirklich, dass wir euch hier in Pomposa Aale aus Comacchio anböten, euch, dem Fürsten der Dichter und Philosophen?"

Der Abt brachte ihn mit einer Handbewegung, aber nicht unfreundlich, zum Schweigen und wandte sich zu seinem Gast: „Paolo hat recht, es sind Aale aus dem hiesigen Fang. Auch wir beherrschen die Fischerei in den Valli. Unsere Aale kommen aus dem Valle Bertucci, dort werden sie in Reusen gefangen. In jedem Valle wird der Fischfang auf eine andere Art betrieben, es ist ähnlich wie in der politischen Landschaft Italiens. Unsere Männer nehmen nur einen kleinen Teil der Tiere aus dem Wasser, Comacchio ist aus unserer Sicht zu gierig. Dort werden möglichst viele Aale in Labyrinthen von Holz und Pfahlrohr gefangen. Wir wissen über die Vermehrung des Aales zu wenig. Plinius glaubte, der Aal entstünde aus abgerissenen Hautstücken und auch Aristoteles fand im Aal weder Eier noch

Samenflüssigkeit wie bei anderen Fischen. Die Gelehrten sind uneins, aber eines dürfte sicher sein: Auf irgendeine Weise werden die Aale sich vermehren und da ist es gut, sie nicht allzu sehr zu dezimieren. Es kommen noch Generationen nach uns."

Der Abt endete und hielt seinerseits den Becher in die Richtung seines Gastes: „Auf das Wasserland, in dem wir uns hier befinden. Das Wasser ernährt uns und kann gleichzeitig unser Feind sein. Heute zerstört es unsere Weinreben und im nächsten Jahr bringt der fruchtbare Boden Weine bester Qualität hervor." Dante nahm den Gedanken auf und hob gleichfalls seinen Becher. „Auf das Wasserland. Das Besondere in diesem Wasserland, in dem die waagerechten Strukturen vorherrschen, ist Pomposa, eure Abtei, Abt Guido, mit einem senkrechten Wahrzeichen – für den Pilger nicht nur eine Landmarke, sondern, wie man sagt, eine Lanze Gottes." Der Abt lächelte. „Das habt ihr schön gesagt, Messer Alighieri. Für uns, die wir alle dem Herrn dienen, ist es eher der Finger Gottes. Aber lassen wir die Begriffe, der Turm ist in der Tat ein starkes Wahrzeichen Gottes." Er wandte sich an Paolo. „Paolo, wie denkst du über den Turm?" Dante war erstaunt, dass der Abt den Laienbruder in die Unterhaltung mit einbezog. Paolo zog sich einen Stuhl heran und nahm – wie selbstverständlich – am Tisch Platz.

IV

Bevor Paolo beginnen konnte zu sprechen, fiel Dante ein Löffel vom Tisch. Er bückte sich nach diesem, es fiel ihm schwer, die Steifheit seines Alters behinderte ihn. Er nahm den Löffel vom Boden und legte ihn auf den Tisch. Seine Gelehrtenhaube war ihm nach vorn ins Gesicht gerutscht, er strich sie nach hinten und entschuldigte sich für die Unterbrechung. Seine beiden Gesprächspartner hatten den kurzen Vorfall aufmerksam beobachtet.

Paolo begann seine Ausführungen, als wäre nichts geschehen: „Der Turm ist Menschenwerk zum Lobe Gottes. Jeder Mensch muss für sich entscheiden, wie er seinen Schöpfer lobt. Es gibt Menschen, die brauchen dazu einen hohen Turm und andere, die brauchen ihn nicht. Aber seht, ehrwürdiger Abt Guido, dass euer Blickwinkel und der des großen Meisters sich hinsichtlich des Turms schon ein wenig unterscheiden. So ist es immer. Alles hat zwei Seiten. In euerm Trinkspruch habt ihr das Wasser mit seinen zwei Seiten angesprochen. Was ist mit den Menschen? Auch die haben zwei Seiten. Wir sitzen hier friedlich zusammen und draußen tobt der Krieg. Da wird gemordet, scheinbar verhandelt und intrigiert und jeder Fürst macht letztlich, was seine Macht erhält und vermehrt. Warum, großer Meister, reist ihr nach Venedig? Es geht doch nur darum, ob der Deich des Po nach Norden durchstochen wird, dann fürchtet Venedig um die Versandung seiner Lagune, wird er nach Süden durchstochen, könnte Ravenna verlanden und wenn es so bleibt, bleibt das Problem bei Ferrara. Je nach Situation: Wer das Wasser hat oder es loswird, der hat die Macht."

Paolo hielt ein. „Ich will es nicht zu lang werden lassen, großer Meister. Ihr seid müde von der Reise und habt anstrengende Tage vor euch", aber der Abt unterbrach ihn. „Schenk uns noch einmal nach, Paolo, der Wein ist gut. Wir zechen nur mäßig, ein weiterer Becher sei erlaubt zum Lobe des Schöpfers und dann fahre fort." Paolo schenkte nach, alle drei erhoben die Becher und Paolo setzte fort: „Seht, großer Meister, jedes Ding hat zwei Seiten, für uns Menschen kommt es darauf an, von

9

welcher Seite wir uns diesem Ding nähern. Großer Meister, ich kann erahnen, wie ihr um eure ‚Quaestiones' gerungen habt. Ich kenne sie, ihr habt sie letztes Jahr in Verona vorgetragen. Ihr habt den Ansatz gewählt ‚non est extra materiam naturalem', also den rein naturwissenschaftlichen, aber ist das denn die alleinige Wahrheit? Soeben ist etwas geschehen, eure Gelehrtenhaube rutschte nach vorn. Da wird der Blick zu den Seiten eingeschränkt. Für einen minder großen Gelehrten als euch besteht die Gefahr, dass er in einen Tunnel blickt, und manchem wäre es dienlicher, man nähte an die Spitzen einer so nach vorne gerutschten Gelehrtenhaube noch Glöckchen an. Wenn ich euch sage: ‚Schwester Wasser, die nützlich-schlichte, köstliche und reine', dann ist das meine Wahrheit und meine Sichtweise.

Kommen wir zurück zu der Ausgangsfrage von Abt Guido. Ein hoher Turm wie der hiesige mag von der Macht Gottes künden oder von der Macht dieser Abtei oder von der Macht ihres Stifters, eines bleibt aber. Gott hat die Gnade für uns bereit, aber die Demut, mit der wir uns ihm nähern, die müssen wir Menschen schon selbst aufbringen. Und da ist es wichtig, nicht zu verlernen, den Nacken beugen zu können."

Dante fühlte sich nicht geschmeichelt, aber eine scharfe Antwort wäre in dieser Situation nicht angemessen gewesen. Zudem war er verwundert, wie Paolo mit Worten umgehen konnte. Er suchte eine Antwort, die seiner selbst würdig war. „Paolo, ihr lasst die Worte heraus, fangt sie wieder ein und beginnt aufs Neue, scheinbar ungeordnet, doch alles nach einem klaren Plan. Ihr sagt alles in wohlgesetzten Worten, aber ihr wollt nicht schmeicheln. Über den Sinn eurer Worte lohnt es sich bisweilen nachzusinnen." Doch er konnte sich nicht verkneifen, zu Abt Guido hin zu sagen: „Sagt, Abt Guido, ist es eurer Abtei, die in der Nachfolge des Heiligen Benedikt steht, zuträglich, einen Jünger des Heiligen Franziskus zu beherbergen?" Der Abt nahm seinen Becher und trank einen Schluck. Er lächelte. „Wir sind doch alle mehr oder minder Schafe in der großen Herde Gottes. Und Paolo ist vielleicht weniger ein Schaf als ein kleiner Vogel, aber er gehört zu der Herde und hat klar ausgedrückt, warum."

V

Dante war müde, aber die Frage, wer Paolo wirklich war, ließ ihm keine Ruhe. Mit Sicherheit war er nicht zeitlebens ein Laienbruder in grauem Sackleinen gewesen. Der Abt bemerkte des Dichters Blick auf Paolo. Als ob er Gedanken lesen könnte, wandte er sich an Paolo. „Paolo, es ist spät, es wird Zeit, sich zurückzuziehen. Messer Alighieri und ich haben noch etwas zu besprechen, das unter uns beiden bleiben sollte." Paolo stand auf und verbeugte sich vor den beiden. „Großer Meister, Abt Guido", und verließ den Raum. Dante hatte nichts gefragt, aber der Abt begann ohne Umschweife. „Ihr wollt wissen, wer Paolo ist? Ich sage euch, wer Paolo war. Paolo hieß nicht immer so und das graue Leinen trug er auch nicht immer. Messer Alighieri, Paolo war als Schriftsteller ein sehr, sehr großes Talent. Ihr kennt die ‚Trenta sonetti'?" Dante nickte. Die dreißig Sonette waren keine Sonette, sondern locker miteinander verbunden Geschichten, intelligent, frivol, verletzend, heiter und manchmal nachdenklich. Jetzt wusste er, wo er diesem Menschen schon einmal begegnet war. Es war an einem bestimmten Hofe gewesen und dieser junge Dichter mit den allergrößten Perspektiven hatte sich als ein Mann erwiesen, der das Wort wie eine geschliffene Waffe benutzen konnte.

11

Der Abt fuhr fort. „Paolo hat in den Wirren seiner Zeit seine Familie, sein Vermögen und die Protektion des Hofes verloren. Es war nicht die materielle Unversorgtheit, die ihn ins Bodenlose fallen ließ, es war die Leere, die Aussichtslosigkeit seines Menschseins, die er fühlte. Wir haben ihn hier wie einen verletzten Vogel gepflegt und umsorgt, aber die Kraft zum Fliegen, die musste er selbst aufbringen. Und diese Kraft hat er sich erworben, natürlich mit Gottes Hilfe." Der Abt trank seinen Becher aus. „Wer die Demut hat, für den ist es leicht, aber wer sie nicht hat, der muss sie erlernen. Vielleicht ist Paolo da anderen Menschen voraus."

Er lächelte wieder, erhob sich und geleitete seinen prominenten Gast zu dessen Schlafkemenate, vor der er sich von ihm verabschiedete.

VI

Am nächsten Morgen – Dante hatte länger geschlafen als vorgesehen, aber keiner hatte es gewagt, ihn zu wecken – trieb er seine Eskorte zur Eile an. Hastig schlürfte er ein heißes Getränk. Salvatore und seine Männer hatten ihre Morgenmahlzeit längst hinter sich. Der Abt hatte sich entschuldigen lassen. Dante nahm etwas Brot und Fleisch, verzehrte es und ließ seinen Zelter holen. Er ließ sich hinaufhelfen und gab das Zeichen zum Aufbruch. Salvatore ritt vorneweg, der Dichter folgte. Die Männer der Eskorte ritten hinterher. In des Dichters Kopf war Widersprüchliches. Ihm ging der vorige Abend durch den Kopf. Schmeichler konnte er nicht leiden. Denen begegnete er mit beißendem Spott. Mit Kritikern konnte er umgehen. Denen gab er den Ball zurück, fragte, gab Antworten, so wie er es gewöhnt war. Aber den gestrigen Abend konnte er nicht einordnen, der fiel aus dem gewohnten Rahmen. Er schüttelte den Kopf. Dann versuchte er, sich auf seine eigentliche Mission zu besinnen. Er fühlte sich stärker als bei der Abreise aus Ravenna. Der Serenissima war er gewachsen. Da stach ihn ein Insekt. Er klatschte mit der Hand darauf, wischte es an seinem Gewand ab und zog gegen seine Gewohnheit die Gelehrtenhaube etwas fester.

VII

Dante war auf dem Rückweg. Nicht nur waren die Verhandlungen mit der Serenissima unbefriedigend und ohne Ergebnis verlaufen, auch hatte ihn das Fieber gepackt. Salvatore hielt sich dicht neben dem Zelter des Dichters in der Sorge, dieser können vom Pferd stürzen. Aber Dante hielt sich mit aller Kraft fest, zähneklappernd, hohläugig und zitternd. Der Turm der Abtei von Pomposa war schon von weitem zu erkennen gewesen, aber er kam kaum merklich näher, es schien unendlich lange, bis sie ihn erreicht hätten. Dante war gegen den Rat seiner Gastgeber in Mesola gen Pomposa aufgebrochen, er hatte geglaubt, die Reise nach Ravenna ohne Krankenlager überstehen zu können, aber er hatte seine Krankheit unterschätzt. Endlich war Pomposa erreicht, sie erhielten Einlass in die Abtei und ritten ein. Dante versuchte, von seinem Zelter zu steigen, aber noch ehe der Majordomus des Fürsten, der Dante zu keiner Zeit aus den Augen gelassen hatte, zur Stelle war, fiel er vom Pferd und in die Arme des Laienbruders Paolo. „Fasst an", befehligte dieser die Männer der Eskorte.

Als Dante wieder zu sich kam, lag er in einer kleinen Zelle. Sein Lager war weich, es war mit Fellen ausgestattet, die unter und über ihm lagen. Zwei Felle lasteten auf seinem Körper. Seine Zähne klapperten noch, aber die Ruhe des Lagers tat ihm gut. Paolo kam herein. Er trug ein Tablett, auf dem faustgroße Tonkugeln lagen. Er setzte das Tablett auf dem Boden auf und hob das oberste der Felle, die den Dichter bedeckten, auf. Er legte die Kugeln auf das untere Fell und legte das zweite wieder darüber. „Die Kugeln werden mit heißem Wasser gefüllt und mit einem Kork verschlossen", sagte er. „Sie werden euch wärmen, ohne euch die Haut zu versengen." Langsam durchdrang die Wärme der Kugeln das Fell. Dante spürte eine angenehme Wärme.

Dante war wohl eingeschlafen. Er wachte auf. Die Augen halb geöffnet, bemerkte er, wie ein feuchter Lappen auf seine Stirn gelegt wurde. „Das Fieber weicht", hörte er eine Stimme. Es war die Paolos. Er bemerkte, dass die Kugeln aus Ton nicht mehr auf seinem Körper lagen. Auch die Last der Felle war geringer geworden. Der Lappen wurde gewechselt. Dante döste weiter, er wusste nicht, wann er wachte oder schlief. Dann machte er die Augen auf. Ein Lichtstrahl fiel durch das Fenster seiner Klosterzelle auf sein Gesicht. Er blinzelte und musste niesen.

VIII

„Das ist ein gutes Zeichen." Es war Paolos Stimme. Er hatte neben dem Lager des Dichters ausgeharrt und dessen Schlaf und Fieberträume bewacht. Paolo stand auf. Dante versuchte, sich hochzusetzen. Es gelang ihm mit Mühe. „Wie lange habe ich geschlafen?", fragte er. „Lange, großer Meister", sagte

Paolo, „sehr lange. Ihr habt Fieberträume gehabt, ihr habt phantasiert. Das Sumpffieber hatte euch immer und immer wieder gepackt, bis ihr es endlich erst einmal überwunden habt. In einiger Zeit könnt ihr weiterreisen. Ich denke doch, dass ihr das wollt. Oder wollt ihr hierbleiben?" Paolo hatte das lächelnd und ohne Spott gesagt. Der Dichter war ausgezehrt durch das Fieber, aber sein Geist war klar und ohne Groll gegen das eben Gesagte. Er antwortete: „Ihr habt recht, ich will und ich muss weiterreisen." Er blieb sitzen, wenngleich es ihm mühsam war. Er merkte, seine Kräfte reichten zum Reisen noch nicht. „Sobald ich wieder kräftiger bin, werde ich meinen Zelter besteigen, das ist gewiss." Dante machte eine Pause. Dann fragte er: „Ihr habt etwas Zweites gesagt, nämlich, ich hätte das Sumpffieber erst einmal überwunden. Was bedeutet das?"

Paolo antwortete: „Das Sumpffieber packt einen für das erste Mal. Wenn man es für das erste Mal überwunden hat, kann es wiederkommen und einen erneut packen." „Muss es wiederkommen?", fragte der Dichter. „Es kommt auf die Art des Sumpffiebers an", meinte Paolo, „die eine Art kommt wieder und die andere Art nicht. Welche Art euch gepackt hat, das kann man jetzt noch nicht wissen." Dem Dichter, immer noch auf seinen Fellen aufgesetzt, war es genug, aber er hielt seine Stellung. „Steht noch nicht auf, großer Meister", sagte Paolo, „legt euch zurück und gebt euch noch einige Tage zur Erholung. Es wird euch guttun." Er verbeugte sich und verließ die Klosterzelle.

Dante legte sich wieder zurück. Seine Kraft hatte dazu gereicht, sich aufzusetzen, zu mehr nicht. Gedanken kamen durch seinen Kopf, ungeordnet, er konnte sie nicht kontrollieren. Er musste an seine Mission denken, er wollte dem Fürsten darüber berichten. Paolo hatte recht gehabt, als er anlässlich seines letzten Besuches in der Abtei erwähnte, wie Dante mit seinen

Quaestiones gerungen habe. Das Werk war wichtig für den Dichter gewesen, denn es sollte gut sein. Florenz erschien in seinem Kopf, wie er vertrieben und in Abwesenheit zum Tode verurteilt worden war. Er, der große Dichter, geächtet und verfolgt.

Er musste wohl wieder geruht haben. Paolo kam herein. Er stellte ein Tablett auf einen Tisch und nahm ein Schälchen von diesem herunter. „Setzt euch auf, großer Meister", sagte er, „diese Suppe wird euch kräftigen." Dante setzt sich auf. Paolo gab ihm einen Löffel in die Hand und hielt das Schälchen vor seinen Mund. „Sie ist abgekühlt, so könnt ihr sie ohne Verzug essen und ich verbrenne mir nicht die Finger." Er lächelte. Dante führte den Löffel in die Suppe, dann zum Mund und immer weiter, bis das Schälchen geleert war. „Es war gut", sagte er, „Danke, Paolo." Paolo nahm Löffel und Schälchen und stellte beides auf den Tisch zurück. „Seid ihr zufrieden, großer Meister?", fragte er. Dante stutzte. Er blieb sitzen. „Natürlich bin ich es. Eure Pflege war erfolgreich. Noch einen Tag, dann sitze ich wieder auf meinem Zelter auf dem Weg nach Ravenna." „So habe ich es nicht gemeint", fuhr Paolo fort. „Es steht mir nicht zu, so mit euch zu sprechen, aber ich habe euch kennengelernt, euch, den Menschen Dante. Eure Werke kenne ich sämtlich, sie sind gewaltig und erhaben. Ihr seid ein Fürst unter den Dichtern und Philosophen. Ihr schreibt erhaben, voll Witz und Geist. Eure Werke atmen Größe. Aber ich habe euch auch gesehen mit dem herben Zug um die Lippen. Heute Ravenna, morgen Venedig. Was tut sich in Florenz? Genügt das nächste Werk meinen eigenen Ansprüchen? Ich kann mir denken, wie es in euch aussieht.

Das Sumpffieber hatte euch gepackt. Vorerst habt ihr es überstanden. So schnell wie möglich muss es dann nach

Ravenna gehen, aber im Augenblick ist es noch das Schälchen mit der Suppe, das ihr selbst kaum halten könnt. Denkt daran, irgendwann werdet ihr vor euren Schöpfer treten, sei es vom Sumpffieber gepackt, sei es aus einem anderen Grund. Und das wollt ihr wirklich so, getrieben von Aufträgen, mit diesem herben Zug um die Lippen und Bitterkeit in der Seele?

Ich will euch eine kleine Geschichte erzählen und dann verlasse ich euch. Bisweilen verlasse ich das Kloster und streife durch die Gegend. Die Laute der Vögel und ihre Gesänge haben es mir angetan. Ich entdeckte einen kleinen Vogel, der war braun ohne weitere Merkmale. Er saß zerzaust auf einem Stengel des Schilfs. Im Grunde war er hässlich. Dann erhob er sich in die Luft und flog in einem großen Kreis über mir um mich herum. In regelmäßigen Abständen ließ er ein dünnes „Si" ertönen. Dann setzte er sich wieder auf den Stengel des Schilfs. Ein Musiker täte den Gesang als unbedeutend ab. Könnt ihr euch vorstellen, großer Meister, dass das alles war, was dieser Vogel zu bieten hatte? Ein einfaches Ja, und das in der Sprache unseres Volkes, welches ihr diesem Land gegeben habt durch eure Comedia. Für mich ist es das Ja zum Leben, das Ja zu Gott. Großer Meister, sagt auch einfach Ja zu euch selbst und nicht zu euren Werken und Taten." Paolo verließ mit einer Verneigung den Raum.

IX

Der Dichter fühlte sich so weit genesen, dass er zum Aufbruch drängte. Er dankte Guido, dem Abt von Pomposa, für seine Gastfreundschaft. Er fragte diesen nach Paolo, bei dem er sich gleichfalls bedanken wollte. Der Abt sagte: „Er ist draußen. Er ist gerne draußen. Es erbaut und stärkt ihn. Ich weiß, dass er die

Sprache der Vögel erlernt. Er bringt uns ihre Gesänge in Form von Liedern mit, Lieder, die jeder, auch der einfachste von uns, singen kann. Es sind keine geistlichen Gesänge, aber sie loben den Schöpfer auf ihre Weise. Sie gehen vom Ohr nicht in den Kopf, sondern direkt ins Herz. Ich werde ihn von euch grüßen." Der Abt segnete die Eskorte und diese setzte sich in die Richtung des Volano in Marsch.

Comacchio lag hinter ihnen, die Sümpfe von Mandriole waren passiert und die Pineta San Vitale wurde sichtbar. Dante ließ halten. Sie lagerten neben der Romea an einer Hecke, die Männer der Eskorte in respektvollem Abstand zum Dichter. Vor ihnen lag ein Schilfgürtel. Dante ließ sich einen Becher mit Wasser reichen. Er trank ihn aus. Die Sonne wärmte. Er dachte an die Anfälle des Sumpffiebers, wie er sich zähneklappernd auf seinem Zelter gehalten hatte. Es war schön hier. Auf einem Stengel im Schilf saß ein kleiner Vogel. Dante kniff die Augen zusammen, damit er ihn besser sehen konnte. Der Vogel war braun und unscheinbar. Dann erhob er sich in die Luft. Er flog in einem großen Kreis über dem Dichter her und ließ seine Stimme in regelmäßigen Abständen ertönen. „Si, si, si, si, si." Dante, immer noch von Sonnenstrahlen gewärmt, lächelte.

Salvatore kam herbeigeeilt. „Messer Alighieri, geht es euch gut? Ihr habt euer Gesicht verzogen, als sei etwas mit euch." „Es geht mir gut", sagte der Dichter. „Bringt mir noch einen Becher mit Wasser." Salvatore brachte den Becher. Dante nahm ihn, zog die Gelehrtenhaube vom Kopf und goss das Wasser auf seine Haare. Es war erfrischend. Es machte ihm nichts, dass das Wasser sein Gewand benetzte. Es war wohltuend und schön. „Ja", sagte er versonnen.

Roxi in Comacchio

I

Roxi ist sauer, so richtig angefressen. Er muss den Mund halten, anmerken lassen darf er sich nichts. Er ist Mitglied einer Reisegruppe und soll es noch vier Tage mit diesen gestörten Menschen aushalten. Der Mann neben ihm nennt sich Professor, aber von Benehmen keine Spur. Wie der das Würstchen isst und dann das von seiner Frau dazu – kein Wunder, dass sie Vegetarierin ist. Jetzt tropft ihm schon wieder der Saft aus dem Mund. Wozu gibt es denn Servietten? Gut, gestern hat er die Rohrweihe erkannt und sie „Falco di Palude" genannt, aber das weiß hier doch jedes Schulmädchen. Aber dann hat er behauptet, dass die Dünnschnabelmöwe vierwintrig ist. Da lachen ja die Hühner.

Roxi muss sich zurückhalten. Er darf von dem, was er denkt, nichts herauslassen, sonst muss er befürchten, gelyncht zu werden. So ganz grün sind die aus der Gruppe wohl mit ihm nicht. Als er gerade zum Mittagessen hereingekommen ist, haben sie ihre Unterhaltung eingestellt. Nur Silvia hat gesagt: „Roxi, du kommst zu spät." Silvia und Roxi haben sich dieser Reisegruppe angeschlossen, weil Silvia in einem Prospekt diese Reise entdeckt hatte. „Orni auf Tour", hieß es da, „das Po-Delta." Im Allgemeinen kommt Roxi mit Silvia gut aus, aber manchmal ist es ihm zu viel, ein Spektiv mit Zubehör zu schleppen, möglichst für jeden eines, und dann bei jedem Wetter regungslos auf einem Turm, an einem Ufer oder mit nassen Füßen auf einer Wiese zu stehen. Ihm reicht es, exemplarisch die eine oder andere Spezies in der Natur zu sehen und dann im Bestimmungsbuch nachzulesen.

Jetzt sitzt er bei diesem gottverdammten Mittagessen, Vesper genannt. Es gibt Würstchen, die gestern noch eingeschweißt in Plastik in der Kühlung des Discounters lagen. Da hätten sie auch bleiben sollen. Aber nein, sie hatten in diesem Supermarkt deutscher Provenienz nördlich von Comacchio unbedingt einkaufen müssen. „Das ist preiswerter", hatte Heiner gesagt und alle hatten zugestimmt. Heiner, der Reiseleiter dieser obskuren Organisation. Jetzt sitzt er vor seinem Mahl. „Lecker", sagt er zu Freia. Zu den Plastikwürstchen gibt es Schwarzbrot aus Süddeutschland mit Käseecken, natürlich auch aus deutschen Landen. Und diese intrigante Freia wuselt von einem Gruppenmitglied zum nächsten und bietet Ketchup an. Natürlich keinen Markenketchup, sondern irgend so eine No-Name-Ware für 69 Cent die Flasche. Sie tut so, als sei sie mit ihrer Ketchupflasche in der Hand die Hüterin des Grals.

„Was glauben die denn alle, ist die italienische Küche giftig?", denkt Roxi. Er muss seine Gesichtszüge im Griff halten. Gerade schon hat Silvia ihn gefragt, ob er nachdenkt. „Nein", hat er gesagt, „ich muss mir wohl den Magen verdorben haben." Empört hat Freia gesagt: „Aber nicht von meinem Essen, Roxi." Na, über das Abendessen gestern ließ sich auch streiten. Freia hatte drei Dosen Ravioli erwärmt, natürlich ein Billigprodukt, und diese halb warm auf Suppenteller geladen, wenig, spartanisch, aber so, als ob Bocuse ein Menü präsentiert hätte.

Roxi hat wirklich Magenschmerzen. Es grummelt in ihm. Aber das wird wohl von dem Wein gekommen sein. Den hat er gestern in dem Supermarkt erworben, viereckig, oben ein Schraubverschluss, davon mehrere Gebinde. Diese Weinpackungen passten besser in seinen Rucksack. Er wollte vor der Gruppe nicht wie ein Alkoholiker dastehen, weil er auch noch zwei Sechser Bier gekauft hatte. Er hatte das heimlich gemacht, als die anderen die Esswaren einluden. Gestern hatte er sich einiges von dem Wein und dem Bier gegönnt. Es war mehr aus Frust über diese Reise gewesen, aber es war doch wohl zu viel gewesen.

Als preiswert war diese Reise im Prospekt beschrieben worden. Das traf wirklich zu. Roxi hatte zusammen mit Silvia eines der beiden vorhandenen Doppelzimmer gebucht und bekommen, natürlich gegen Aufpreis. Die anderen haben Quartier im Schlafsaal, einen für Männer, einen für Frauen. Und Duschen heißt, abends von halb sieben bis sieben Uhr für die Männer, ab sieben Uhr für die Frauen. Roxi blickt auf den Professor und seine Frau. Der Altersunterschied ist beträchtlich. „Wird er wohl als blutjunge Studentin verführt haben", denkt Roxi. „Für sie ist es besser, wenn sie im Schlafsaal schläft." Aber Renate, die Frau des Professors tupft ihrem Mann den Mund ab. „Theo, du musst unbedingt zum Zahnarzt. Deine Krone ist locker. Die Leute könnten ja denken, du sabberst." Theo lächelt. „Gleich nach dem Urlaub", sagt er, „mache ich gerne für dich."

Roxi ist das zu viel Süßholz. Er könnte in den Tisch beißen. Aber Renate setzt noch einen drauf. „Heiner hat gesagt, dass wir das andere Doppelzimmer bekommen können. Es ist frei. Die anderen legen keinen Wert darauf. Stell dir vor, wir brauchen keinen Aufpreis zu bezahlen." Theo scheint zufrieden zu sein. Roxi sagt zu Silvia, aber es soll in die Runde gehen: „Interessant, wir haben den Zuschlag bezahlen müssen, aber es scheint auch ohne zu gehen." Heiner lacht. „So, wie du das siehst, ist es doch gar nicht, Roxi. Es ist das Zimmer von Karl und Gerlinde. Die hatten es gebucht, aber sie konnten die Reise nicht antreten, weil der Sohn krank geworden ist. Blinddarm oder so. Auf alle Fälle haben sie das Zimmer bezahlt und es ist jetzt frei. Wir hätten es sonst verlost." Renate wendet sich an

Roxi, ganz maliziös: „Du kannst uns das Zimmer ruhig gönnen. Theo sabbert im Augenblick, aber nur vorübergehend. Sonst ist er noch ganz gut dabei."

II

Roxi will irgendjemandem noch einen tunken. Er sagt: „Von mir aus. Wenn Freia und Brunhilde allein im Frauenschlafsaal sind, dann können sie sich ja über Wagneropern unterhalten." Brunhilde kontert: „Roxi, wenn Silvia dir frei gibt, dann kommst du als Kundry zu uns. Dann unterhalten wir uns zu dritt und du wirst zu einem lauteren Menschen bekehrt." Roxi kennt das Metier um Wagner doch nicht so genau. Er guckt etwas bedeppert. Theo mischt sich ein. „Kundry ist in Wagners Parsifal ein in triebhafter Sinnlichkeit gefangenes Wesen, das durch den reinen Helden Parsifal erlöst wird." Bumm, das sitzt. Roxi atmet durch. Freia fragt in die Runde: „Bevor wir aufbrechen, noch jemand Kaffee?" Heiner sagt: „Gute Idee", und Freia macht den Kaffee. Roxi schaut zu. Freia gibt Kaffeepulver in eine Kanne. Dann gießt sie Wasser darauf und gießt die Brühe durch ein Sieb in eine zweite Kanne. Roxi schaudert es. „Ostpolnische Art?", fragt er. „Klar", sagt Freia. „Du solltest dir nachher die Zähne putzen, sonst hast du die Krümel zwischen den Schneidezähnen. Das stört beim Gruppenfoto, besonders, wenn du lachst." Alle lachen. Roxi überlegt, ob er noch einen Giftpfeil abschießen kann. Es fällt ihm nichts ein. Freia ist noch nicht zu Ende. „Am besten gehst du vor unserer Abreise noch aufs Klo, dann kannst du deine Därme in Ordnung bringen. Von unserer guten deutschen Hausmannskost kann es nicht kommen. Vielleicht hast du ja etwas anderes zu dir genommen, was dir nicht bekommen ist."

Jetzt fällt Roxi doch noch etwas ein. „Weißt du, Freia, ich habe wirklich nichts gegen dein Essen. Gestern Abend war es lecker. Gut, es war etwas wenig, es war nur lauwarm und etwas zu säurebetont, aber ich habe die Mühe gesehen, die du dir dabei gemacht hast." Freia lacht. „Säurebetontes Essen, ich lache! Wenn ich daran denke, welche Mengen an Säure du gestern mit dem Wein gebunkert hast, prost Mahlzeit. Roxi, Ornis beobachten sehr genau, auch wenn sie manche Dinge gar nicht sehen wollen." Sie wendet sich der Kaffeekanne zu. Heiner bekommt seinen Kaffee, die andern auch, Freia bietet Milch und Zucker an. Heiner schlürft den Kaffee. „Roxi hat recht. Wirklich ostpolnische Art. Zuletzt habe ich einen solchen Kaffee in Biebrza getrunken. Ihr wisst, das ist ein Sumpfgebiet in Ostpolen, heute Abend erzähle ich euch davon. Großartiges Gebiet. Großartiger Kaffee. Aber jetzt sind wir hier. Beeilt euch, wir wollen noch nach Valle Zavalea fahren und im Mai wird es relativ früh dunkel."

III

Sie fahren los. Roxi, der doch noch einmal die sanitären Einrichtungen aufgesucht hat, kommt als Letzter. Für ihn ist noch der Notsitz in dem klapprigen Bus frei. Er setzt sich. Silvia sitzt neben ihm. Der Bus setzt sich in Bewegung, Heiner am Steuer. Sie fahren ein Stück in die Saline hinein. Der Weg ist abenteuerlich. Roxi bekommt auf seinem Notsitz ein paar gehörige Schläge ab. „Das kann ja heiter werden", denkt er, „außerdem fährt Heiner in die falsche Richtung." „Nur mal kurz zur Seeschwalbenkolonie", lässt Heiner sich hören. Sie fahren einige hundert Meter, dann hält er an. „Wir bleiben im Auto, dann stören wir nicht. Linkerhand seht ihr die Seeschwalben!"

Sie beobachten mit Ferngläsern, für Spektive ist zu wenig Platz im Bus. Da ruft einer: „Weißbartseeschwalbe." Roxi gibt sich Mühe, aber so richtig kann er das nicht ausmachen. Da fehlt ihm die Erfahrung. Aber das darf er nicht sagen. Silvia rutscht zu ihm. „Da vorne, Roxi, die mit dem dunklen Bauch, das ist eine Weißbartseeschwalbe." Roxi guckt genauer hin. In der Tat, diese Seeschwalbe sieht anders aus als die anderen. Aber er hat keine weitere Zeit mehr für Beobachtungen, Silvia umarmt ihn, so gut es in dem Bus geht, küsst ihn auf den Mund und wiederholt: „Roxi, eine Weißbartseeschwalbe, dafür hat sich die ganze Reise schon gelohnt." Roxi ist es peinlich und zu viel. Bei jeder Rarität umarmt und geküsst zu werden, muss wirklich nicht sein. Insgeheim denkt er sich, dass so viel Nähe am Tag eigentlich zu viel ist – ab und zu am Abend wirklich guter Sex, das reicht. Aber Silvias glückliche Augen lassen ihn schweigen. Freia, die neben Silvia sitzt, murmelt: „Wofür eine Weißbartseeschwalbe doch alles gut ist." Roxi lässt sie murmeln, er will erst die Peinlichkeit mit Silvia aus der Welt schaffen. „Toll, Silvia", sagt er, „aber denke bitte an die Buckelpiste, wir wollen uns doch nicht das Kreuz verrenken." In der Tat hat Heiner gewendet und fährt Richtung Hauptstraße, Romea genannt. Silvia hat ihren Platz wieder eingenommen und tätschelt Roxis Hand. Roxi lässt das bis zum nächsten Schlagloch zu, dann schiebt er ihre Hand vorsichtig zurück. Silvia lächelt ihn an.

Sie haben die Romea erreicht. Heiner biegt auf diese ab. Der Belag auf der Romea ist besser als auf der Buckelpiste zuvor, aber ab und zu haut eine Querrille Roxi ins Kreuz. Heiner ruft vom Steuer aus: „Jetzt lassen wir es krachen, wir haben schon 80 km/h drauf! Der Bus röhrt. Roxi ist es unwohl. Da fängt Brunhilde an zu singen. Brunhilde ist geschätzt einen Meter sechzig groß und hat locker zwei Zentner Lebendgewicht drauf.

Sie singt eine Melodie. Die ist laut und übertönt sogar die Anstrengungen des alten Busses. Theo mischt sich ein. „Brunhilde, den Pilgerchor musst du anders phrasieren. Die zweite Silbe betont und nicht die erste." Brunhilde stellt die Phrasierung um. Theo ist zufrieden. Er singt mit. Da ruft Heiner: „Der Reno, das war früher der Hauptarm des Po." Alle blicken auf den Fluss, den sie auf einer Eisenbrücke überqueren. Roxi will etwas sagen, zum Beispiel, ob diese Pissrinne wirklich der Rest dieses majestätischen Flusses sein soll, aber da sind sie schon durch. Brunhilde wendet sich an Roxi. „Hast du den Pilgerchor aus dem Tannhäuser schon mal so stimmungsvoll erlebt? Wagner hat etwas." Roxi schweigt. Missmutig guckt er aus dem Fenster. Er hatte geglaubt, schlau zu sein, indem er einen Flug nach Bologna gebucht hatte, um nicht mit dem Auto anreisen zu müssen. Abholung ab Ravenna, hatte es geheißen. Und wirklich hatte Heiner Silvia und Roxi nach einer Bahnfahrt von Bologna nach Ravenna dort in Ravenna abgeholt. Aber jetzt erweist sich das ganze Unterfangen als Bumerang. Es gibt nur dieses eine Transportmittel, den Bus. Er ist dieser Combo ausgeliefert. Keine Chance, auf eigene Faust oder mit einem eigenen Auto diesen Wahnsinnigen zu entrinnen.

Heiner fährt in einen Kreisverkehr hinein. Sie biegen von der Romea ab und fahren an einem Kanal entlang. „Letztes Jahr ist die Straße zur Hälfte in den Kanal abgerutscht", erläutert Heiner, „da gab es kilometerlange Schlangen. Aber jetzt ist alles wieder im Griff." Sie erreichen San Alberto. Heiner hat das Tempo auf 30 km/h gedrosselt. Vor einem großen Gebäude hält er kurz an. „Der Pallazone", sagt er, „hier könntet ihr die Karten und Informationen bekommen, die ich für euch exklusiv bereithalte. Also seid froh über das Zustandekommen dieser Gruppenreise, sonst bräuchtet ihr Jahre, um euch die Standorte zu erarbeiten. Orni auf Tour macht es möglich." Alle finden die Ansprache gut, aber Roxi will wieder etwas loswerden. Der Rücken schmerzt ihn. „Heiner", fragt er, „wie ist denn dieser Bus durch den TÜV gekommen?" Heiner nimmt es nicht krumm. „Mit acht Personen geht das gerade noch in diesem Bus. Bei mehr als acht Personen müssten wir zusätzlich Fahrgemeinschaften mit dem eigenen Pkw bilden und das hieße für einige von euch fahren und fahren und fahren. Das erledige ich jetzt für euch."

IV

Sie haben die Fähre über den Reno erreicht. Diese besteht aus einem „Traghetto", das auf Stahlseilen über dem Fluss hin und her bewegt wird. Als der Bus auf dem Traghetto steht, sagt Heiner: „Der Bus geht gerade noch auf diese Fähre. Ein größeres Fahrzeug wäre nicht erlaubt gewesen. So können wir Boscoforte, Prado Pozzo und Valle Zavalea direkt anfahren und müssen keine Umwege machen." Die Fähre erreicht das andere Ufer. Es geht sehr steil auf einen Deich hinauf. Der alte Motor röhrt, aber es geht nicht vorwärts. Heiner zieht die Handbremse an. „Mindestens vier Leute aussteigen!" Alle außer Heiner steigen aus und der Bus kommt die Steigung hoch. Roxi sieht, wie die Leute in den beiden nachfolgenden Wagen – mehr sind nicht auf die Fähre gegangen – lachen. Er stapft mit den anderen auf die Deichkrone. Heiner ist auf dem Deich weitergefahren und hält in der nächsten Parkbucht. Alle gehen hinterher, holen die optischen Geräte aus dem Bus und bauen sie neben dem Bus auf. Die Parkbucht ist jetzt voll. Heiner macht eine ausladende Armbewegung. „Boscoforte in der Lagune von Comacchio. Hier werdet ihr auf eure Kosten kommen!"

Was Roxi sieht, das gefällt sogar ihm. Eine langgezogene, schmale Landzunge liegt vor ihnen, hinter ihnen der Reno. Im Flachwasser der Lagune sind Schilfinseln zu sehen, vor diesen eine Menge Reiher. Ein großer Trupp rosafarbener Flamingos fliegt auf die Landzunge zu. Sie landen etwas weiter entfernt in Ufernähe, sind aber noch gut zu sehen. Eifrig wird beobachtet. Lutz ruft ganz aufgeregt: „Ich hab ihn, ich hab ihn! Seht ihr die Sandbank da vorne? Von da aus nach rechts, dann ist es der dritte Vogel." Alle gucken in die Spektive. Heiner ist voll des Lobes. „Lutz, du hast ihn entdeckt. Phantastisch. Hast du ihn schon dingfest gemacht?" „Klar", sagt Lutz. „Könnt ihr heute Abend noch einmal sehen. Drei Fotos habe ich schon." Roxi betrachtet durch sein Spektiv. „Was haben die anderen denn so besonderes gesehen?", denkt er sich. Er sieht nur Flamingos und wieder nur Flamingos. Er findet Flamingos großartig, in freier Wildbahn hat er sie noch nie gesehen, aber ist das denn ein Grund, dass Erwachsene in einer öffentlichen Parkbucht wie Indianer einen Freudentanz aufführen?

Silvia verlässt ihr Spektiv und kommt zu Roxi. „Siehst du den kleinen Flamingo dort, den mit dem schwarzen Schnabel? Das ist der ‚Fenicottero minor', der afrikanische Flamingo. Es gibt hier in diesem Gebiet nur ein Exemplar und das haben wir vor uns." Silvia stellt ihm den Vogel ein und Roxi muss wieder in das Spektiv sehen. Jetzt sieht er das Objekt der allseitigen Begierde auch. „Großartig", sagt er. Mehr sagt er nicht und guckt weiter in sein Spektiv. Er will einer neuen Umarmungs- und Kussorgie entgehen. Aber Silvia lässt nicht locker und Roxi kommt nicht ungeschoren davon. Roxi würde gerne etwas loswerden, zum Beispiel, wie froh er gestern Abend war, als der PC von Lutz nach dem achtundfünfzigsten Vogelfoto ausgestiegen ist, aber er kommt einfach nicht mehr dazwischen. Da ruft Freia „Wiesenweihe von hinten" und alle drehen die

Spektive um. „Achtet auf die schwarzen Handschwingen und das schwarze Querband auf den Oberflügeln", doziert Heiner und Theo ergänzt: „Seht genau hin, die Wiesenweihe balanciert über dem Schilf und tariert jede Windbewegung ganz fein aus, dagegen steht die Rohrweihe über dem Schilf." Dann ruft Brunhilde: „Wiedehopf über Boscoforte rechts!" In der Tat kommt ein Vogel mit breiten schwarz-weißen Flügeln angeflogen, überfliegt die Gruppe und ist dann verschwunden. Roxi beschließt, mit einem passenden Kommentar bis zur nächsten Gelegenheit zu warten. Und die wird kommen, da ist er sich ganz sicher.

V

Nach einem längeren Stopp fahren sie weiter. Es geht auf der Deichkrone wenige Kilometer weiter, dann fahren sie vom Deich herunter. Heiner hält vor einem Parkplatz, auf dem zahlreiche Wohnmobile stehen. Alle steigen aus und nehmen ihre optischen Geräte auf. Rechterhand liegt ein Aussichtsturm. Sie gehen zum Turm und gehen hinauf. Roxi ist der letzte. Vor ihm geht die korpulente Brunhilde. Roxi fällt wieder ein Spruch ein. „Brunhilde", meint er, „meinst du, wir könnten es wagen? Ein Turm trägt nicht unendlich viel." Brunhilde dreht sich zu Roxi um, auf der Schulter Stativ und Spektiv. Das Stativ saust knapp über Roxis Kopf hinweg. „Roxi", sagt sie, „die Beladung eines Turmes geht hier im Po-Delta nach ornithologischem Gewicht und da bist du für mich die Verdünner-Person." Sie mustert ihn so lange, bis es Roxi unangenehm wird. Dann dreht sie sich um und geht die Treppe hoch. Roxi folgt ihr. Oben bauen sie die Spektive auf und beobachten. Lutz macht Fotos. Die Gruppe schwelgt in Watvögeln und Reihern. Da kommt ein

Trupp Vögel eingeschwebt. Roxi, der mitbeobachtet, aber nichts davon hat, weil er keinen Vogel wirklich kennt, sieht schwarz-weiße Vögel mit ausgefranstem Gefieder und einem gebogenen Schnabel. Die Stimmung, die vorher schon gehoben war, wird euphorisch. Der Beobachtungsturm bebt. Wieder ist es Silvia, die auf Roxi zukommt. „Roxi, der Heilige Ibis! Den gibt es gar nicht mehr in Europa und trotzdem sehen wir ihn hier." Roxi lässt eine längere Attacke über sich ergehen. Silvia ist ganz aufgeregt. Roxi wird aber unruhig, denn es grummelt wieder in seinem Bauch. Er löst sich von Silvia und steigt die Treppen des Turms hinunter. Unten steht Freia. Sie hat an der allgemeinen Erregung um den Heiligen Ibis teilgenommen und raucht sich erst mal eine. Roxi würde auch gerne einmal inhalieren, aber jetzt hat er andere Sorgen. Freia weist auf die Wohnmobile. „Hundert Meter da entlang und dann nach links. Da sind die sanitären Einrichtungen." Sie wühlt in ihrer Hosentasche und gibt Roxi ein Bündel von weißem Papier. „Nimm, man kann nie wissen, außerdem ist es dreilagig." Roxi bedankt sich. Als er zurückkommt, sitzen die anderen schon im Bus. Roxi muss wieder auf den Notsitz. Er nimmt Platz und dreht sich zu Freia um: „Danke nochmal, Freia." Die nimmt es mit einem ungläubigen Gesichtsausdruck zur Kenntnis.

VI

Sie fahren kreuz und quer durch landwirtschaftlich genutzte Flächen. Heiner erklärt, dass es sich um trockengelegtes, dem Wasser abgerungenes Land handele, Bonifica genannt. Sie erreichen wieder das Westufer der Lagune von Comacchio. Eine Straße führt schnurgerade, immer am Ufer entlang, nach Norden. Sie überqueren einen Kanal. Heiner parkt am

Straßenrand in der Wiese. „Valle Zavalea", sagt er, „wenn wir so viel Glück haben wie bisher, sehen wir sogar die Rotflügel-Brachschwalbe." Alle steigen aus und gehen über einen Dammweg zu einem Beobachtungsturm. Sie steigen hinauf und bauen ihre optischen Geräte auf. Lutz montiert die Fotoausrüstung an seinem Spektiv. Roxi wird es langsam zu viel. Das lange Stehen fällt ihm schwer und seine Aufmerksamkeit nimmt ab. Was ihn am meisten stört, dass seine Sprüche nicht gezündet haben. Er will dieser Gruppe entrinnen. Er schleppt sich den Turm hoch. Heiner ist noch dabei, sein Spektiv auszupacken. „Heiner, hast du eine Karte von dem Gebiet?", fragt Roxi. Heiner zieht eine Karte aus der Vortasche seines Rucksacks. Er klappt sie aus und erklärt eifrig: „Wir sind jetzt hier in Valle Zavalea. Das ist der nordwestlichste Punkt der Lagune von Comacchio. Und hier, am nordöstlichsten Punkt der Lagune sind unser Quartier und die Saline. Wir sind also heute dabei, die gesamte Lagune zu umrunden. Von Valle Zavalea zum Quartier gibt es einen Dammweg. Guck hier, da ist er eingezeichnet. An dieser Stelle knickt er leicht nach links ab. Später kommt eine Brücke. Dahinter liegt ein Parkplatz und hinter diesem wiederum das Besucherzentrum von Foce. Von dort führt der Weg weiter in Richtung unseres Quartiers und der Saline, in der wir heute Morgen beobachtet haben. Im Grunde ein kurzer Weg, einige Kilometer nur. Man könnte ihn fast zu Fuß gehen. Für Privatwagen ist er gesperrt. Also müssen wir mit dem Bus viel weiter und umständlicher fahren."

Roxi schaut in die Karte und schätzt die Entfernung ab. „Zwei Zentimeter sind ein Kilometer", denkt er, „vier Kilometer bis zum Quartier, das müsste doch zu schaffen sein." Heiner fragt: „Warum interessiert dich überhaupt die Karte?" „Einfach so", sagt Roxi. Seinen Innereien geht es besser, doch er muss noch einmal vom Turm herunter. Er denkt, dass es das letzte Mal sein dürfte. Er geht ein Stück, da ist Gebüsch. Als sich wieder aus der Hocke aufrichtet, schreit ein Vogel ganz laut und überraschend: „Cit, ceti ceti cit, ceti ceti cit". Roxi erschreckt sich. Er sieht einen rötlich-braunen Vogel durch die unteren Schichten eines Strauches abschwirren. Roxi geht zum Turm zurück. Er stiefelt die Stufen hoch. Alle Menschen der Gruppe stehen und blicken gebannt in ihre Spektive. Heiner murmelt: „Roxi hat uns den Seidensänger zum Singen gebracht, hervorragend, Kompliment." Roxi nimmt hinter seinem Spektiv Aufstellung. Silvia hat auf ihn gewartet. Sie lotst ihn durch die Vogelvielfalt. Roxi ist es endgültig zu viel. Er hört nur „Dunkler Wasserläufer, Teichwasserläufer, Wasserralle, Seeregenpfeifer". So geht es weiter. Roxi beteiligt sich nicht mehr. Er dreht einfach so an seinem Spektiv. Einige rosafarbige Möwen fallen ihm auf. Das werden die Dünnschnabelmöwen sein. „Theo", ruft er, „da sind einige von deinen vierwintrigen Dünnschnabelmöwen!" Theo stellt sein Spektiv auf diese Objekte ein und sichtet den Fund. „Danke, Roxi", sagt er, und laut, „hei, Leute, Roxi hat Lachmöwen im rosafarbigen Prachtkleid entdeckt, ganz selten! Lutz, das ist ein Foto wert!"

Als die Gruppe diese Möwen studiert, dreht sich Theo zu Roxi um. „Weißt du, Roxi, das mit den vierwintrigen Dünn-schnabelmöwen erzähle ich immer dann, wenn ich einen Neuen testen will. Wenn kein Widerspruch kommt, behandele ich ihn wie einen Studenten im ersten Semester. Aber du wirst dich gut weitergebildet haben. Du wirst jetzt wissen, dass die Dünn-schnabelmöwe in Wirklichkeit zweiwintrig ist. Finde ich gut." Und fügt hinzu: „Aber die rosa Lachmöwen, die den Dünnschnabelmöwen ähnlich sind, sind auch extrem selten zu sehen. Hast du gut gesehen." Roxi kommt es gönnerhaft vor.

VII

Roxi hat die Schnauze voll. Er hat vorhin die Karte studiert. Er ist es leid, auf diesem Turm mit dieser Combo durchgeknallter Ornithologen zu stehen und Belehrungen entgegenzunehmen, er will nur noch in Ruhe zu seinem Doppelzimmer zurück und noch ein wenig einen Sechser Bier studieren. Er packt sein Spektiv zusammen. Dann klopft er Silvia auf die Schulter. „Kannst du das Spektiv im Bus mitnehmen? Ich gehe jetzt zu Fuß zurück." Silvia blickt auf die Uhr. „Roxi, es wird irgendwann dunkel." Aber Heiner sagt: „Gerade wollte er den Weg auf der Karte nachsehen. Er wird wissen, was er tut. Er ist alt genug und erwachsen. Und so dunkel wird es heute nicht, wir haben fast Vollmond und es sind keine Wolken am Himmel." Silvia will Roxi vom Aussichtsturm herunterbringen. Aber Roxi sagt nur: „Lass sein, dir fehlt noch die Rotflügel-Brachschwalbe", und verlässt den Turm. Eine kleine Sauerei hat er noch in seinem Kopf, als er seinen Heimweg antritt. Er geht zu dem alten Bus und lässt aus einem Reifen die Luft heraus. Er ist gnädig, er nimmt nur einen Reifen, denn wenigstens ein Reserverad sollte der Bus schon haben. Und wenn nicht? Das wäre ein Verstoß gegen die allgemeinen Personenbeförderungsbestimmungen. Dann wäre „Orni auf Tour" als offizieller Reiseveranstalter im Erklärungsnotstand.

Innerlich wiehert Roxi, als er zu Fuß zurückgeht. Er malt sich die Gesichter der Gruppenmitglieder aus, wenn sie den Bus beladen wollen und den Plattfuß bemerken. Schade, dass er die Gespräche nicht mitbekommen wird. Er geht auf dem Dammweg. Gleich sollte der Knick des Dammes kommen, aber er kommt nicht. Ein rotes Haus erscheint auf der rechten Seite, aber es ist noch weit weg. Roxi geht weiter. Dann hat er das

Haus erreicht. Es ist nicht bewohnt, einige Möwen sitzen herum. Der Damm knickt wirklich etwas nach links ab. Das ist der Weg nach Foce. Aber Foce ist noch nicht in Sicht. Roxi sieht eine Menge Vögel, aber die interessieren ihn nicht. Er will den Rückweg schaffen. Er fängt an, zu marschieren. Dabei zählt er ab: „Er-ster Win-ter, zwei-ter Win-ter, drit-ter Win-ter", bis er am zehnten Winter angelangt ist. Für jede Silbe einen Schritt. Dann fängt er mit dem anderen Fuß an und macht die Winter bis zehn durch. So geht es weiter. Als Roxi die Erkenntnis kommt, dass er sich durch diese Gruppenreise schon ganz schön hat manipulieren lassen, wechselt er zum Jogginglauf über. Aber das bekommt ihm nicht.

Wieder einmal fühlt er sich müde. Er schleppt sich weiter. In der Ferne sieht er eine Brücke. „Das wird die Brücke sein, von der Heiner gesprochen hat", denkt er. Er nimmt seine Kräfte zusammen. Hinter der Brücke müsste Foce liegen und von dort dürfte es nicht mehr weit zur Saline sein. Roxi hört ein Motorengeräusch. Es wird dämmrig, aber er kann ganz gut sehen, wie ein Boot langsam, etwas entfernt von ihm, Richtung Foce fährt. Es hat keine Positionslichter. Roxi fragt sich, wer da jetzt noch mit dem Boot fährt. Er geht weiter. Das Boot hat ihn längst überholt. Ein Mann in olivgrünen Sachen steht vor ihm auf dem Damm. Er ist auf die Entfernung so gut wie unsichtbar gewesen. Er hat ein Spektiv vor sich, mit dem er das Boot beobachtet. Er sieht, wie Roxi auf ihn zukommt und blickt kurz auf. Dann vertieft er sich wieder in sein Spektiv. Roxi geht an ihm vorbei. Der Mann nickt ihm kurz zu. Roxi sieht aus den Augenwinkeln, wie er ein Handy aus der Tasche zieht. Der Mann sieht aus wie ein Ranger. Auf dem linken Oberarm seines Hemdes prangt ein Hoheitsabzeichen. Roxi denkt sich, dass er von diesem Mann bestimmt nicht ein Messer in den Rücken bekommen wird. Mehr fällt ihm nicht ein. Roxi geht weiter. Die

Brücke kommt näher und dann hat er sie erreicht. Roxi pustet durch. Langsam werden seine Beine weich.

Roxi fühlt sich im Grunde zu müde, um noch zur Saline zu gehen, aber er hat es sich selbst eingebrockt. Er schleppt sich zur Brücke. Der Mond geht auf, aber hat noch nicht sein volles Licht erreicht. Roxi betritt die Brücke, um sich hinter dieser ein paar Minuten auszuruhen. Es ist eine uralte Eisenbrücke mit Holzbohlen, soweit man es bei dem vorhandenen Licht noch sehen kann. Als Roxi die Brücke passiert hat, hört er das Aufheulen eines Motors. Gleich darauf kommt ein Auto auf ihn zu. Es ist unbeleuchtet. Alles geht sehr schnell. Roxi wirft sich, ohne nachzudenken, zur Seite. Er bekommt den Luftzug des Autos mit, aber – er wundert sich – keinen Stoß. Er kollert irgendwo herunter und bleibt auf harten Steinen direkt neben einer Wasserfläche liegen. Roxi hat zunächst einen Knall gehört. Jetzt beginnt ein Spektakel mit schrillen Sirenen und grellem Scheinwerferlicht. Roxi sortiert seine Knochen, die nicht gebrochen erscheinen, und müht sich, Gräser und Steine zur Hilfe nehmend, bis zur Straße hoch. Da steht ein Auto fast quer in der Brücke. Es ist umringt von Uniformierten, die auf der Beifahrerseite einen Mann herausholen und ihn gegen das Brückengeländer pressen. Roxi sieht noch, wie dieser Mann abgeführt wird, doch dann knicken ihm die Beine weg und er liegt platt wie eine Flunder rücklings auf der Straße. So richtig nimmt er das tatsächliche Leben nicht mehr wahr. Er blickt in eine Nebelwand und es wird ruhig um ihn herum.

VIII

Roxi muss doch ziemlich weit weg gewesen sein. Er öffnet die Augen. Silvia beugt sich über ihn. Sie küsst ihn auf den Mund.

Roxi findet das angenehm. Er bemerkt Blaulichtgewitter um sich herum und fragt: „Was war?" Silvia will ihm das erklären, aber da sieht Roxi, dass ganz viele Menschen um ihn herumstehen. Bei diesem Publikum wäre die ganze Küsserei nicht unbedingt notwendig gewesen. Er versucht, aufzustehen, aber er hat gar keine Chance dazu. Alle, die um ihn herumstehen, ziehen an ihm. Roxi steht jetzt. Er ist wackelig auf den Beinen, die Schultern und die Knie schmerzen. Im Grunde schmerzt der ganze Körper. Roxi tastet sich ab. In dem blöden Blaulicht kann er ganz gut sehen. Er sieht die Winkelhaken in seiner Hose. „Scheiße", murmelt er. Die Hose war teuer gewesen. Aber er scheint sich nichts gebrochen zu haben. Ein Uniformierter fragt: „Ospedale?" Damit kann Roxi nichts anfangen, aber da hört er Heiners Stimme. Heiner kann Italienisch. Heiner fragt: „Roxi, willst du ins Krankenhaus? Der Notarzt hat dich soeben untersucht, er hat nichts Schlimmes gefunden." Roxi schüttelt den Kopf. Er will zu seinem Sechser Bier und dann ins Bett. Die Knochen schmerzen, aber das kann auch von dem langen Marsch kommen. Ein weiterer Uniformierter tritt auf Roxi zu. Er schüttelt Roxis Hand, er klopft ihm auf die Schulter. Seinen Redeschwall kann Heiner nur bruchstückhaft übersetzen. Roxi erkennt den Mann. Es ist der Ranger, der auf dem Dammweg mit dem Spektiv beobachtet hat. Heiner lacht. „Roxi, morgen Mittag können wir mit dem Polizeiboot eine Tour in die Valli di Comacchio machen. Die ganze Gruppe ist eingeladen, du natürlich als Hauptperson. Vorher kannst du ausschlafen."

Roxi wird in den alten Bus verfrachtet. Er bekommt einen guten Platz in der Mitte. Er bekommt nicht alles von den Gesprächen mit, als der Bus kreuz und quer durch die jetzt dunkel gewordene Landschaft fährt, er ist müde. Aber er hört, dass er mitgeholfen hat, einen Kriegsverbrecher vom Balkan zu stellen, der schon lange gesucht wurde. „Wahrscheinlich wäre er uns wieder entwischt, hat der Chef der Truppe gesagt. Dieser Mann hat uns sehr geholfen." Roxi ist ratlos. Er versucht, sich zu erinnern: Ein unbeleuchtetes Boot, ein Ranger mit einem Spektiv und dann ein Auto, das ihn fast gerammt hätte und später quer in der Brücke hing. Was genau soll er dazu beigetragen haben, einen Kriegsverbrecher zu stellen? Aber der Chef dieser Polizeitruppe müsste eigentlich den Überblick haben. Am besten hält Roxi die Klappe und genießt die Aufmerksamkeit, die ihm zuteil wird. Silvia nimmt Roxi in den Arm. Sie hat dafür gesorgt, dass Heiner auf dem Rückweg noch einmal Foce angefahren hat, um nach Roxi zu suchen. Silvias Arm ist weich. Roxi lehnt sich an Silvia an. Es fühlt sich angenehm an.

IX

Endlich haben sie das Quartier nahe der Saline erreicht. Roxi geht in Richtung Doppelzimmer, die anderen wollen noch die Tagesergebnisse besprechen. Roxi ist das ganz recht. Er geht allein zum Zimmer. Dort zieht er sich erst einmal ein Plastikröhrchen mit Bier aus einem Sechser. Es quietscht, als Roxi es herauszieht. Er dreht den Verschluss ab und trinkt von dem zimmerwarmen Bier. Es tut gut. Als er mit diesem Röhrchen fertig ist, nimmt er ein weiteres. Als er mit dem fertig ist, geht er unter die Dusche. Er blickt an sich herunter. Viele Schürfwunden sind an seinem Körper, Blutergüsse und Prellungen. Aber er fühlt sich wohler als vorhin. Seine Lebensgeister erwachen. Vielleicht könnte er ja dem einen oder anderen aus der Gruppe noch einen verpassen. Außerdem meldet sich der Hunger. Roxi zieht sich an.

Roxi geht zu dem Raum, der im Prospekt als „Küche mit Aufenthaltsraum" bezeichnet war. Der ist in einem anderen Gebäudeteil als Roxis und Silvias Zimmer und über einen Innenhof zu erreichen. Roxi steht außen vor und sieht, wie an dem großen Tisch die Gruppenmitglieder sitzen. Sie müssten an sich schon gegessen haben, aber die Teller sind sauber und die Bestecke liegen daneben. Roxi hört durch das Fenster, das auf Kipp steht, zu. Heiner erzählt. Alle hängen an seinen Lippen. Er erzählt etwas zu dem Reifenplatten vom heutigen Tag. „Früher war ich aktiv beim Birdcatchen. Es war auf Texel. Es ging darum, in einer definierten Zeit maximal viele Vögel zu entdecken und sie zu fotografieren, natürlich mit GPS-Angabe. Als Besonderheit gab es für Top-Arten eine Punktewertung. Insgesamt kompliziert, aber ich will euch nicht langweilen. Als ich zu einem Graubruststrandläufer unterwegs war, der mit den maximalen Punkten bewertet war, parkte ich an einem Straßenrand. Ich hatte den Graubruststrandläufer fotografiert und alle Koordinaten eingegeben, aber dann stellte ich fest, dass mein Wagen einen Platten hatte. So verlor ich viel Zeit und war chancenlos. Seitdem habe ich immer die Druckluftflasche mit, die die Polizei auch benutzt und Ersatzventile. Insofern hat mich der Platten von heute nicht aus dem Konzept gebracht."

Brunhilde fragt: „Habt ihr den Übeltäter denn gepackt?" Heiner nickt. „Wir wussten, wer es war." Dann erzählt er breit und ausführlich, wie sie es diesem Menschen mit einer ausgestopften Schnee-Eule heimgezahlt hatten. Selbst Roxi findet, dass Heiner gut erzählen kann, aber es stinkt ihm gewaltig, dass alle immer noch an seinen Lippen hängen. Roxi fragt sich, ob sie ihn wegen des platten Reifens am Bus als Übeltäter ausgemacht haben, aber das muss ihm jetzt egal sein. Er hat Hunger. Roxi geht hinein.

Das Essen ist fertig, aber sie haben auf ihn gewartet. Wieder hat Freia gekocht. Es gibt Spaghetti. Jeder lädt sich auf. Die Ketchupflasche kreist. Roxi vermisst den Parmesankäse. Freia macht sich neben dem Herd zu schaffen. Dort hat sie zwei Dosen aufgemacht. Die Dosen stellt sie so wie sie sind – kalt – auf den Tisch. Es ist Truthahnfleisch darin. Sie schneidet es in Streifen und gibt jedem ein Stück auf die Spaghetti. Roxi bekommt ein Randstück. Da ist ganz viel Glibber dran. „Guten Appetit", sagt sie, „auch für dich, Roxi", und sieht ihn an. Roxi würde gerne etwas sagen, aber etwas in Freias Blick lässt ihn ahnen, dass es, wenn er jetzt etwas sagt, für ihn übel werden könnte. „Lecker", sagt Heiner. Die anderen stimmen zu. „Es waren die letzten beiden Dosen von diesem Fleisch im Supermarkt", sagt Freia. Roxi kämpft sich durch Spaghetti und Truthahnfleisch und denkt sich, dass die Dosen besser im Supermarkt geblieben wären. Den Glibber will er auf dem Teller liegen lassen, aber als Freia fragt: „Schmeckt es dir etwa nicht?", schiebt er sich auch noch den Glibber in den Mund. Dann hat er es geschafft.

„Hast du einen Moment Zeit?", fragt Freia. Roxi nickt. Freia geht mit ihm nach draußen. Es ist durch den Schein der Lampen und das Licht des Mondes noch ganz gut beleuchtet. Freia sagt: „Drei Dinge, Roxi, ganz kurz. Erstens: Wir machen hier eine Studienreise. Da geht es um Vogelbeobachtung in einer Gruppe. Wir haben es alle nicht so dicke und haben für diese Reise sparen müssen. Theo zum Beispiel ist Professor, hat aber nur einen befristeten Zweijahresvertrag. Deswegen legen wir den Schwerpunkt auf die Ornithologie und nicht auf Unterkunft oder Verpflegung. Anders würde es auch nicht gehen. Zweitens: Wir sind zufriedene Menschen. Wir haben heute eine Menge seltener Vögel gesehen. Du warst die meiste Zeit dabei. Zuletzt haben wir die Rotflügel-Brachschwalbe gesehen und gehört. Kannst du dir vorstellen, dass ein Vogel, der gerade mal 20 cm lang ist, bei erwachsenen Menschen eine solche Freude auslösen kann? Das kannst du wahrscheinlich nicht, denn du willst immer nur zerstören, sei es mit Worten, sei es mit Taten. Gut, du hast heute mitgeholfen, einen Kriegsverbrecher zu fangen, aber im Grunde doch nur dadurch, dass du zu blöde bist, auf einer Karte den richtigen Maßstab zu erkennen. Und jetzt kommt das Dritte. Roxi, es ist mir ernst. Ich will nicht, dass es morgen so weitergeht wie gestern oder heute. Heute bist du müde und für deine Bösartigkeiten nicht mehr in Form, aber ich sehe in deinem Blick, dass du dir schon wieder etwas Neues ausdenkst. Und jetzt pass auf." Freia, die neben Roxi steht, hat kurz ausgeholt. Ihr Ellenbogen landet etwas unterhalb von Roxis Brustbein. Roxi geht in die Knie. Seine Augen treten hervor, sei Blick wird glasig. Als er sich wieder sortiert hat, erhebt er sich langsam. Er hört Freias Stimme. „Wenn du morgen so weitermachst wie heute, wirst du bereuen, dass du heute nicht von dem Auto erfasst worden bist. Ist das klar?" Roxi hört den Ernst in Freias Stimme. „Ist klar", murmelt er. Freia geht zu der Gruppe zurück. Roxi verzieht sich in das gemeinsame Doppelzimmer. Ihm ist nicht mehr nach Gruppe.

X

Roxi ist ins Zimmer gegangen. Er hat sich ein weiteres Röhrchen mit Bier aus dem Sechser genommen und es geleert. Er fängt an, sich langsam aus seinen Sachen zu pellen. Auf einmal schließen sich zwei Arme um ihn. „Roderich-Alexander Schmitz", sagt Silvia. „Du Ritter von der traurigen Gestalt. Erst versäumst du den Balzgesang der Rotflügel-Brachschwalbe und dann hilfst du mit, einen Kriegsverbrecher zu fangen." Im

Grunde ist Roxi todmüde, aber bevor ihm die Augen zufallen, kennt auch er den Balzgesang der Rotflügel-Brachschwalbe.

Im Engadin

Die Hinreise

Langsam setzte sich der Zug, den Bahnhof von Bergün Richtung Preda verlassend, in Bewegung. Er kannte die Strecke. Er blickte aus dem Fenster. In Bergün konnte man talwärts das Rhätische Krokodil sehen. Er aber sah nur die Bahnhofsschilder schneller und schneller an sich vorbeiziehen. Das Rhätische Krokodil hatte er nicht gesehen. Er überlegte, wie es gewesen war, als er es besichtigt hatte: Aus dem Bahnhof talwärts heraus, nach rechts und dann nach links hundert Meter nach unten. Ja, er hätte es bei der Einfahrt in den Bahnhof sehen müssen. Wahrscheinlich war er nicht aufmerksam gewesen. Er ärgerte sich, weil er doch glaubte, die Strecke genauestens zu kennen.

Er versuchte, sich zu konzentrieren. Die Albula-Strecke war eine Meisterleistung der Ingenieurskunst, eine bedeutende Alpentransversale, welche das Rheintal in der Ostschweiz mit dem Engadin verband, geografisch also die Nordseite der Alpen mit der Südseite. In dem engen Tal der Albula, einem Quellfluss des Rheins, war es nicht möglich gewesen, eine Bahnlinie einfach am Lauf des Flusses entlang zu bauen. Spiral- und Kehrtunnel waren in den Berg gesprengt worden, damit der Zug an Höhe gewinnen konnte, es gab Galerien und Brücken mit grandiosen Tiefblicken. All das verlieh der Fahrt etwas Abenteuerliches, wenn man die Strecke noch nicht kannte. Das Rhätische Krokodil, nach welchem er in Bergün vergeblich Ausschau gehalten hatte, war eine der ersten Elektroloks, die diese Strecke bewältigt hatten: In der Mitte befand sich das Führerhaus in Form eines viereckigen Kastens, auf dem ein Stromabnehmer thronte und nach vorn und hinten gab es einen Vorbau, der an eine Krokodilschnauze erinnerte. Das Ganze war in brauner Farbe lackiert, anders als bei den Krokodilen der SBB, der Schweizerischen Bundesbahn, die in grüner Farbe lackiert waren.

Die Häuser und der Kirchturm von Bergün wurden kleiner. Der Zug wand sich in Serpentinen in die Höhe, mal war Bergün auf der linken Seite des Zuges zu sehen, mal auf der rechten Seite. Der Zug durchmaß quietschend einen der Kehrtunnel, die bis Muot zahlreich waren. Er bereitete sich darauf vor, seinen Blick von der anderen Seite des Waggons aus auf Bergün zu werfen, er kannte die Strecke genauestens.

Der Tunnel war zu Ende, Bergün wurde wieder sichtbar. Er blickte sich im Waggon um. Er sah normale Bahnreisende, die diese Strecke als Bahnstrecke und sonst nichts anderes empfanden, miteinander sprechend, essend, lesend oder schlafend. Und sie saß ihm gegenüber, als wenn sie wüsste, dass auch ihm diese ganz besondere Bahnfahrt langsam zur Routine verkam. Lächelte sie oder schürzte sie die Lippen zu einem verächtlichen Lächeln, so dass er sich vorkommen musste wie ein Schuljunge, der mit einer Zigarette erwischt worden war? Er zwang sich, den Blickkontakt zu meiden, und blickte wieder aus dem Fenster. In Kürze wäre Muot erreicht. Dort, in 1577 m Höhe, gab es eine Ausweiche auf der ansonsten einspurigen Strecke. Dann kam mit seinen Spiraltunneln, seinen Galerien und Brücken der Teil der Albula-Strecke, den er immer als atemberaubend empfunden hatte: Mal ging es nach rechts in den Berg, mal nach links, einzelne Tunnel drehten um fast 360 Grad, mal war die Albula rechts in der Tiefe zu sehen, mal links und gelegentlich wurde die Albula-Straße mit ihren Kehren und Brücken sichtbar. Der Zug gewann stetig an Höhe, bis dann Preda erreicht war, die letzte Station vor dem Albula-Tunnel. Er versuchte, sich vorzustellen, was ihn erwartete, aber es gelang ihm nicht so wie er wollte. Warum nur fehlte ihm das letzte Feuer? Warum war da keine Vorfreude, warum konnte er diese Fahrt nicht so genießen wie sonst? Er hatte keine Erklärung. Vielleicht war er nach den Ferien erholter und begeisterungsfähiger.

Sie saß ihm gegenüber. Sie hatten ein freies Viererabteil erwischt. Sie beide konnten am Fenster sitzen. Sie kannte ihn lange genug, 18 Jahre waren es fast. Sie waren verheiratet und hatten keine Kinder. „Dinkies": Double Income, no Kids. Erst hatten sie beide keine Kinder gewollt, später hatte sie sich eines gewünscht, aber dann hatte die Biologie etwas einzuwenden gehabt. Kinderlos zurückgeblieben, auch das war eine Sichtweise. In die Zugfahrt hatte sie etwas widerstrebend eingewilligt. Sie liebte es nicht, mit ihm eine Zugfahrt zu unternehmen, Hektik schon zu Hause, Hektik am Bahnhof. Kam der Zug pünktlich, waren die reservierten Plätze auch frei, auf welchem Gleis musste man umsteigen, klappten die Anschlüsse? Die Albula-Strecke hatte er früher einmal geliebt, jetzt kannte er sie wahrscheinlich zu genau. Warum kam er zurück auf eine einstmals große Liebe?

Es war genauso gekommen wie sie es vorausgesehen hatte. Der Zug nach Chur hatte Verspätung gehabt, in Sargans waren es acht Minuten gewesen und kurz vor Chur noch sechs Minuten. Er hatte mit den Fingern getrommelt und gerechnet. „Um zweiundfünfzig geht der Albula-Zug raus und wir kommen um einundfünfzig rein. Das reicht nicht." Was hätte sie sagen sollen? „Der Albula-Zug wartet immer auf den Schnellzug. Mach dir keinen Stress, das hat schon immer geklappt." Im Prinzip wusste sie nicht, wie sie sich verhalten sollte. Sie wollte aber auch nicht immer wieder darüber nachdenken. Was hätte es für Alternativen gegeben? Hätte sie auf eine Autofahrt verweisen sollen? Dann wäre sie mit ihm in ein enges Auto eingepfercht und bei jedem Stau seinen Launen ausgeliefert gewesen. Hätte sie ein anderes Reiseziel vorschlagen sollen? Das hätte er in seiner rigiden Denkart mit Sicherheit abgelehnt.

Sie saß ihm gegenüber in diesem Zug, sie gegen die Fahrtrichtung, er mit Blick in Fahrtrichtung, damit er die Fahrt genießen konnte, wenn er es denn überhaupt konnte. Sie versuchte, eine neutrale Haltung einzunehmen. Nicht jedes Problem war zu lösen. Im Engadin hatten sie sich beide zuletzt recht wohl gefühlt. Er konnte Ski fahren und sie konnte sich an der aufkeimenden Natur des Engadins um Ostern herum erfreuen. Ein Traum von ihr war es nie gewesen, Skiferien zu machen. Ein Osterurlaub im Engadin war ihr, die sie nicht oder nur ungern Ski fuhr, früher schrecklich vorgekommen, aber langsam hatte sie sich an die herbe Schönheit dieser Gegend herangetastet.

Muot kam, ein altes Holzhaus, eine aufgelassene Station. Der Zug hielt an. Es donnerte, der Zug schwankte leicht, die Lichter gingen aus, um nach kurzer Zeit wieder anzugehen. Ein Güterzug mit Kesselwagen und Transportwagen, auf denen Baumstämme lagen, fuhr bergab vorbei. Der Zug setzte sich wieder in Bewegung. Es kamen die Spiral- und Kehrtunnel, die er sonst so liebte, die Ausblicke auf das Tal der Albula. Alles das kam ihm an diesem Tag fade vor. Er blickte zu ihr nach gegenüber. Sie hatte die Augen halb geschlossen. Schlief sie? Auf alle Fälle konnte oder wollte sie nicht kommunizieren. Der Zug erreichte Preda. Hier begann der Albula-Tunnel, gut fünf Kilometer lang. Der Zug fuhr in den Tunnel ein. Wieder kam ein Donnern wie bei einem Gewitter, wieder gingen die Lichter aus. Der Zug stoppte, dann stand er. Ein Schaffner kam mit einer Taschenlampe durch den Wagen. „Kleine Betriebsstörung", sagte er, „ist aber kein Problem, gleich geht das Aggregat an und wir können weiter."

Sie war dankbar über die wenigen Worte des Schaffners, die ihr bei diesem unvorhergesehenen Stopp in dem langen Tunnel halfen, die eigene Beklemmung nicht noch größer werden zu lassen. Auch ohne die aktuelle Unterbrechung der Fahrt liebte sie diesen Tunnel nicht. Es war ihr immer unwohl bei dem Gedanken, tausend Höhenmeter Berg mit Milliarden Kubikmetern Gestein über sich zu haben.

„Die Betriebsstörungen bei der Rhätischen Bahn nehmen zu", kam ihm in den Sinn. Den Schaffner sollte er sich eigentlich vorknöpfen. Bei den Preisen hier konnte man Pünktlichkeit erwarten. Ihm fiel ein, dass sie in Tunneln Angst bekam. Ihm fiel aber nichts ein, was er hätte sagen können. Im Grunde hinderte ihn etwas daran, zu sprechen. Das Licht ging an und der Zug fuhr an. Als der Zug den Tunnel verlassen hatte, begann eine weibliche Stimme mit der Begrüßung im Engadin, zuerst in rätoromanischer Sprache, dann auf Deutsch und dann auf Englisch.

Sie blickte aus dem Fenster. Der Albula-Tunnel lag hinter ihnen, Bever war erreicht, der Zug nahm quietschend die Rechtskurve. Ihre Gedanken hatten sie sehr in Anspruch genommen, sie waren laut gewesen, so, als hätte sie ein schwieriges Gespräch geführt.

Samedan war erreicht. Sie nahmen ihr Gepäck, verließen den Zug, unterquerten die Bahngleise in einem Tunnel und gingen zum Taxistand. Die Fahrer tat die Koffer in den Kofferraum und verhakte den Skisack mit einer Spinne aus elastischem Material auf dem Dach. Die beiden stiegen ein, er nannte Straße und

Namen der Ferienwohnung und der Wagen setzte sich in Bewegung. Er entlohnte den Fahrer, das Gepäck wurde ausgeladen. Sie ließen den Wagen auf der Straße wenden und abfahren. „Ich nehme den Skisack und den großen Koffer. Dann hättest du nur noch den Rucksack und den kleinen Koffer zu tragen", sagte er. „Ist gut", antwortete sie. Es waren die ersten Worte, die sie seit Chur miteinander gewechselt hatten.

Urlaubstage

I

Er erwachte. Die Sonne schien auf die zugezogenen Vorhänge und ließ ein mildes Licht in das Zimmer. Irgendein Vogel saß oberhalb des auf die Kippe gestellten Fensters auf dem Haus und gab unharmonische Laute von sich, die sich ständig wiederholten. Er stand seufzend auf, schloss das Fenster und blickte auf die Uhr. Es war sieben Uhr dreißig. Es war erstaunlich, wie lange er geschlafen hatte. Am Abend hatte er noch eine mitgebrachte Dose Bier vor ihren missbilligenden Augen getrunken. Aus ihrer Sicht musste er danach im Vollrausch gewesen sein. Sie hatten die Ferienwohnung im letzten Jahr mit gemeinsamen Freunden bewohnt und sie hatte ihnen gefallen. Eigentlich war sie mit zwei Schlafzimmern, zwei Bädern und einem Wohnraum für zwei Personen zu groß, aber wie weise war es doch gewesen, sich wieder hier einzumieten! Er war über ein eigenes Schlafzimmer sehr froh. Er wusch sich, putzte sich die Zähne und zog sich an. Von ihr war noch nichts zu hören. Er nahm zwei Einkaufsbeutel und einen Schlüssel und ging in den Ort, um Frühstück zu besorgen. „Friedensangebot", dachte er. Bei frischen Brötchen und Kaffee ließ es sich besser ausschweigen. Eine Zeitung wäre auch nicht schlecht. Er ging los, eine halbe Stunde würde er brauchen.

II

Sie war längst wach. Sie hatte sich an dem Gesang des Hausrotschwanzes erfreut, der sicherlich unter dem

Dachvorsprung brütete und jetzt auf dem First des Hauses sein Lied sang. Die Sonne warf ein mildes Licht auf die ihr gegenüberliegende Wand. Der Hausrotschwanz ließ seinen dreiteiligen Gesang erklingen. Wie schwer hatte sie sich früher damit getan, Vogelstimmen zu erkennen! „Tatütata", wie die Feuerwehr, so klangen im weitesten Sinne die Eingangslaute aller Rotschwanzarten, nur beim Hausrotschwanz waren sie sehr schnell und gedoppelt, in etwa wie „Tatütatatata". Dann kam der zweite Teil, als ob der Vogel einen Kurzschluss in der Stimme hätte. Quetschlaute nannte man das fachsprachlich exakt. Am Ende kam wieder Ähnliches wie am Anfang, aber verkürzt und umgekehrt, in etwa „Tütatütü", wie ein „Krebs" in der Musik. Jetzt war der Vogel aufgeregt. Sie hörte Warnrufe, die an das Klappern von Essstäbchen erinnerten. Nach dem Frühstück würde sie in die Natur gehen und sehen, was ihr vor die Augen oder das Fernglas käme. Sie war gespannt. Er war wohl schon zum Einkaufen gegangen. Sie hatte das energische Schließen eines Fensters gehört. Später war die Wohnungstür gegangen. Mit Sicherheit holte er auch noch einen Fahrplan des Skibusses und besorgte sich einen Skipass. Vielleicht würde der Urlaub doch noch besser als der bisherige Auftakt und hoffentlich friedlich.

III

Er schnaufte die Straße hoch. Noch war sie asphaltiert und wies geschätzte fünf Prozent Steigung auf. Er erreichte ein grünes Haus. Die Straße wurde steiler. Er schätzte die Steigung jetzt auf zehn Prozent. Er verlangsamte seinen Schritt. Die Straße endete auf einem kleinen Parkplatz, den er überquerte. Der Parkplatz war geschottert. Es ging sich mühsamer. Jetzt kam eine Stiege. Man konnte auf den Treppenstufen gehen, man konnte aber auch den kleinen Schotterweg benutzen, der direkt neben den Stufen verlief. Er entschied sich für die Stufen und zählte sie beim Hinaufgehen. Nach fünfundfünfzig Stufen kam ein kleines Podest. Er blieb stehen und atmete durch. Er machte sich an die weiteren Stufen und fing wieder von vorn an zu zählen. Nach erneut achtzig Stufen hatte er eine Straße erreicht. Er musste schnaufen und blieb wieder stehen. Der Blutdruck meldete sich pochend in den Schläfenschlagadern. Er wollte so bald wie möglich seine Medikamente nehmen. Nach dem Aufstehen hatte er sie vergessen. Er fühlte sich nicht in Form. Im Jahr zuvor hatte er keine Probleme damit gehabt, die Stiege ohne Pause hochzugehen. Er machte sich wieder ans Gehen und folgte der Straße, die am Hang entlang verlief. Es war nicht mehr weit. Die Ferienwohnung lag in einem Haus oberhalb der Straße. Er überwand noch die Treppenstufen zu diesem Haus, dann hatte er es geschafft.

Er schloss die Wohnungstür auf, die er nach seiner Gewohnheit beim Verlassen der Wohnung verschlossen hatte, zog die warme Jacke aus und ging mit den Frühstückseinkäufen in die Küche. Er stellte Wasser für die Eier an, füllte die Espressomaschine, deckte Brötchen, Butter, Aufschnitt und Marmelade ein, stellte Teller, Tassen, Eierbecher und Besteck dazu, legte die Zeitung auf den Tisch und wartete, bis das Wasser kochte. Dann legte er die Eier hinein und stellte den Kurzzeitwecker an.

IV

Sie hatte, nachdem er die Wohnung verlassen hatte, ihre Toilette gemacht und sich angezogen. Nachdem sie den Wecker hatte klingeln hören, ging sie in das Wohn-Esszimmer, nicht ohne vorher noch Lippenstift und Rouge aufgelegt zu haben. Es ging ihr dabei weniger um ihn. Sie wollte sich im Urlaub nicht gehen lassen.

„Oh, das Frühstück ist ja schon fertig", sagte sie. „Der Kaffee riecht gut und die Brötchen sehen knusprig aus. Aprikosenkonfitüre bekomme ich sonst nur sonntags." Sie versuchte einen Scherz: „Wie kommt es, leidest du unter präseniler Bettflucht?" „Nein", sagte er. „Irgendein blöder Vogel hat mich geweckt. Ich habe versucht, weiterzuschlafen, aber der hat mit seinem Geschräpe gar nicht mehr aufgehört, da habe ich aufgegeben und bin aufgestanden."

Sie wollte etwas Scharfes entgegnen, aber sie besann sich und ging nicht darauf ein. Er hatte sicher den Hausrotschwanz mit seinem lauten Gesang und den unharmonischen Passagen in seinem Lied gehört. Sie hatte diesen Vogel ja auch gehört, aber mit anderen Ohren. Es war wie in der Musik, nicht alles war harmonisch. Trotzdem konnte es schön sein.

„Was machst du heute über den Tag?", fragte er. „Ich werde spazieren gehen", sagte sie, „du wirst sicher Skifahren?" „Ja", antwortete er, „ich habe mir schon einen Skipass besorgt und nehme gleich den Skibus nach St. Moritz. Ich will mir erst die Abfahrt vom Piz Nair gönnen und dann die Pisten um Marguns herum. Von dort kann ich später direkt nach Celerina abfahren. Je nach Uhrzeit nehme ich den Zug oder den Skibus." Sie schlug vor, dass es praktischer wäre, sich wegen weiterer Mahlzeiten voneinander unabhängig zu machen, dann wäre es auch nicht notwendig, über das Frühstück hinaus einkaufen zu müssen. Er stimmte zu.

Sie frühstückten schweigend zu Ende. Er blickte auf die Uhr. „Es wird Zeit." „Fahr vorsichtig", sagte sie. Er stand auf. „Mach ich." Er ging in den Flur, zog die Skisachen an, nahm seine Ski und ging zum Bus.

V

Sie trug den Frühstückstisch ab, zog sich für draußen an, verschloss die Türe und verließ das Haus. Sie hatte Wanderschuhe an und im Rucksack das Fernglas. Sie ging nach Muntarütsch und weiter nach Bever. Der Wald war voller Vogelstimmen. Auf einer Wiese machte die Wacholderdrossel mit lautem „tschak tschak tschak" auf sich aufmerksam. Der Grünspecht ließ seinen lachenden Reviergesang erklingen. Sie genoss die Laute, ansonsten die Stille der Natur. Ein Zug der Rhätischen Bahn fuhr unterhalb des Weges nach Bever an ihr vorbei. Es war der Zug ins Unterengadin. Fuhr der Albula-Zug wenig später in der Gegenrichtung oder war der schon durch? Sie wusste es nicht genau und ärgerte sich, dass sie gedanklich auf derartige Dinge einging. Er hätte es genau gewusst, er hatte das Kursbuch im Kopf. „Siebzehn Minuten nach der vollen Stunde kommt hier der Zug ins Unterengadin durch", hätte er gesagt und sie auf ihre Defizite hingewiesen. Wollte sie das so weitermachen? Sie schüttelten die Gedanken ab. Als sie von einer Anhöhe zum Bahnhof von Bever hinabstieg, hörte sie ein lautes Donnern und die Erde bebte leicht. Waren das Lawinensprengungen oberhalb von Corviglia? Sie ging weiter bis zum Beverbach und folgte diesem, die Bahngleise überquerend, zum Inn.

VI

Er war hinuntergegangen zur Bushaltestelle. Der Bus kam pünktlich. Er stieg ein, nachdem er die Skier im Heck verstaut hatte, fuhr bis St. Moritz und nahm die Standseilbahn auf den Hang hinauf. Es war Ostern, der Schnee war sulzig, Schneekanonen hatten die Pisten gerade noch befahrbar gemacht. Ihm war nach Skifahren, die Hänge in übersichtlichen Radien abzufahren, das Tempo zu genießen. Das war planbar, machbar. Klar, das System Mensch kam hinzu. Irgendwann würde er es nicht mehr machen können, irgendwann würden die Knochen es nicht mehr hergeben. Er nutzte den Tag und sein Skiticket. Am Ende fuhr er von Marguns nach Celerina ab. Er zog die Serpentinen nach unten. Gleich noch ein Ziehweg und dann hätte er Sicht auf die Talstation. Der Ziehweg kam. Er stellte sich neben die Piste, quer, damit er diese schwierige Stelle ohne andere Skifahrer in seiner eigenen Zeit meistern könnte. Von oben kam ein Mann herunter. Bei dieser aggressiven Fahrweise musste es ein Mann sein. Roter Skianzug, hohes Tempo, aber die Skispitzen flatterten bei jedem Richtungswechsel. Was hatte der für ein Tempo drauf! Er trat noch einen Schritt zurück, damit die Einfahrt in den Ziehweg völlig frei wäre.

Der Skifahrer kam näher. Jetzt noch ein kleiner Schwenk, dann hätte er den Ziehweg erreicht. Aber der Schwenk blieb aus. Der Skifahrer rammte ihn am Knie und fiel kopfüber in den Schnee, rutschte weiter und blieb in einem orangefarbenen Fangzaun hängen. Er selbst war zu Boden gegangen, sein Knie schmerzte. Mühsam rappelte er sich hoch. Einen Ski hatte er schon verloren, von dem anderen befreite er sich. Er humpelte zu dem Verunfallten. Ein weiterer Skifahrer war hinzugekommen. Sie zogen den Mann aus dem Fangzaun. Der schien Brüche an Armen und Beinen zu haben und wirkte benommen. War es der Unfall oder der Alkohol? Die Alkoholfahne war unverkennbar. Bald kam der über ein Handy gerufene Rettungstrupp. Der Verletzte wurde in einen Bergeschlitten verfrachtet und, mit einem Sanitäter vor dem Schlitten, einem als Bremser dahinter, den Berg heruntergebracht. „Was für ein Mist!", schimpfte er. Er suchte seine Skier zusammen, schulterte sie und stieg, sein kaputtes linkes Knie beim Auftreten mit einem Skistock entlastend, zur Talstation ab.

Es waren weniger die Schmerzen, die ihn peinigten, als die Wut auf den Mann, der ihn gerammt hatte. Was hätte es für einen Sinn gehabt, diesen anzuzeigen? Er würde es vielleicht noch nachholen, aber erst wollte er Klarheit darüber haben, was mit seinem Knie los war. Am meisten war er wütend darüber, dass seine Urlaubspläne durchkreuzt waren. Er liebte Planbarkeit und Machbarkeit. So in den Tag hineinzuleben, sich treiben zu lassen, das war seine Sache nicht. Der Gedanke, mit einem Gipsbein den ganzen Tag mit ihr verbringen zu müssen, ließ ihn schaudern. Er humpelte die letzten Meter zur Talstation, schloss die Skier ein und setzte sich auf die Bank vor dem Kassenhäuschen. Samedan hatte ein gutes Spital, die unfallchirurgische Abteilung galt als hervorragend. Wenn die keine Routine hatten, wer sonst?

VII

Sie hatte den Inn erreicht und bog nach rechts auf den Damm ein. Gegenüber lag ein kleiner See, der Lej de Gravatscha. Enten waren zu sehen. Ein Zwergtaucher tauchte kurz auf und war schnell wieder verschwunden. Sie erreichte den umgeleiteten Flaz. Früher mündete dieser Fluss zwischen Celerina und Samedan in den Inn, jetzt lag sein Bett hinter dem Flughafen, um dann hier Anschluss an den Inn zu gewinnen. Kies und Schutt waren aufgeschüttet und angebaggert worden, eine Ruderalfläche hieß das in biologischer Diktion. Grüne Pflanzen war noch keine zu sehen, obwohl das übrige Tal weitgehend grün war. Aber diese Ruderalflächen hatten ihren eigenen Charme. Hier würden sich in Jahren bis Jahrzehnten Pflänzchen und Pflanzen ansiedeln. Irgendwann wäre hier alles grün. Vogelgesang würde erklingen. Sie hatte die Fantasie, sich das auszumalen. Er würde es nicht ertragen können, so lange warten zu müssen. Wahrscheinlich würde er Rollrasen auslegen, alles schnell und perfekt. Laissez faire war seine Sache nicht. Für sie gab es auch jetzt schon einiges zu sehen.

Zwei Wasseramseln saßen unweit voneinander auf Steinen, die aus dem Wasser ragten. Sie flogen auf und mit lauten Rufen hintereinander her, wendeten und ließen sich wieder nieder. War es Balz- oder Revierverhalten? Sie wusste es nicht. Wie nahe doch beides beieinanderliegen konnte. Sie war froh, dass sie getrennte Schlafzimmer hatten. Auch wenn sie sich derzeit nicht gut verstanden, es hätte sich doch ergeben können, dass sie in ihm Begehrlichkeiten weckte. Aber sie wollte diese Geste der Besitzergreifung nicht länger ertragen. Sie überquerte den Inn an der Holzbrücke. Der Weg am Flughafen war überflutet, Holzpaletten machten ihn gangbar. Es war noch zu früh, um den Weg in die Wohnung anzutreten. Den Nachmittag und den Abend mit ihm in einem Raum zu verbringen, lockte sie nicht. Sie beschloss, nach Punt Muragl zu gehen. Von dort würde sie den Zug nach Pontresina nehmen. Die Kuchen im Café Puntschellas waren – Figur hin, Figur her – legendär. Das Abendessen konnte dann ausfallen.

VIII

Für ihn sah es nach perfekter Arbeit aus. Schnell und kompetent hatte man im Spital seine Personalien aufgenommen, das Knie geröntgt und ihn untersucht. Es hatten sich erhebliche Bänderdehnungen und ein Bluterguss ergeben, gebrochen oder gerissen war aber nichts. Der Unfallchirurg hatte ihm das Knie mit teilelastischen Klebebinden bandagiert. „Glück haben sie gehabt", hatte er gesagt, „keine Fraktur, kein stationärer Aufenthalt, noch nicht einmal ein Gips ist nötig. Und das Knie können sie sogar leicht beugen." „Na ja", hatte er müde geantwortet, nachdem er versucht hatte, das Knie zu beugen, und es ihm unter Schmerzen nur eingeschränkt gelungen war. Er hatte eine Unterarmgehstütze mitbekommen, ein Schweizer Modell mit einem integrierten, bei Bedarf ausklappbaren Eispickel und war entlassen worden mit der Maßgabe, am nächsten Tag zur Nachjustierung des Verbandes wiederzukommen. Dies wäre notwendig, so hatte der Unfallchirurg erklärt, um auf die schon beginnende, aber möglicherweise weiter zunehmende Schwellung des Kniegelenkes reagieren zu können.

Das Knie schmerzte nicht unerheblich. Er war mit schmerzstillenden Medikamenten versorgt worden. Die Skikleidung hatte er wieder an. Was sollte er jetzt tun? Irgendwie in die Wohnung zurückhumpeln und den Abend mit ihr zusammen verbringen, schweigend oder mühsam Konversation machend? Er ließ den Morgen an sich vorbeiziehen. Er hatte mit dem Frühstückmachen ein Friedensangebot gemacht. Sie hatte mit gezwungenen Scherzen reagiert. Hatte er etwas gesagt, was sie getroffen haben könnte? Er war sich keiner Schuld bewusst. Er schüttelte die Gedanken ab, er musste sich auf das Bezahlen konzentrieren. Gut, dass er seine Kreditkarte dabeihatte. Im

Spital waren sie darauf eingerichtet. Es hatte eine Auslandskrankenversicherung, die würde später alles erstatten. Er humpelte nach draußen. Der Ortsbus würde in zehn Minuten kommen.

Er wartete auf den Bus und fuhr mit diesem zum Bahnhof. Das Bahnhofsbuffet, wie es früher hieß, war umgebaut worden. Früher war es eine Kneipe mit gemütlichen Holzmöbeln gewesen. Jetzt war es ein chromglitzernder Laden mit Neonbeleuchtung und kleinen Bistromöbeln. Er bestellte einen Kübel Bier und trank ihn langsam aus. Dann bestellte er einen zweiten. Allmählich tat die Kombination von Blutdrucktabletten, Schmerzmedikamenten und Alkohol ihre Wirkung.

Eine gewisse süßliche Larmoyanz ergriff ihn. Es war ungerecht, dass dieser angetrunkene Skifahrer gerade ihn gerammt hatte, und es war ungerecht, dass zwischen ihm und ihr diese Spannung herrschte. Er trank den letzten Schluck und bestellte noch zwei Flaschen Bier zum Mitnehmen und eine Plastiktüte. Wie hatte Martin Luther sinngemäß gesagt: „Wir Älteren suchen unsere Freude nicht mehr im Kissen, sondern im Kännlein." Er musste grinsen. Wie ein Penner würde er gleich mit einer biergefüllten Plastiktüte an einer Krücke zum Taxi gehen. Ob der Fahrer Vorkasse verlangte?

IX

Sie war vor ihm aufgestanden. Sie ging zum Fenster. Der Winter war zurückgekommen. Sie blickte vom Balkon in die verschneite Landschaft. Zwanzig Zentimeter Schnee waren angesagt gewesen. Das dürfte stimmen. Sie sah ins Tal hinunter. Die Straßen waren geräumt und ein Fahrzeug war dabei, die Landebahn des Flughafens vom Schnee zu befreien. Gegenüber lag in der Ferne der Piz Bernina. Bei diesem Wetter war der Biancograt, der Anziehungspunkt für Bergsteiger im Sommer, klar zu erkennen. Sie ging in die Küche, stellte die Herdplatte an und setzte den Wassertopf darauf.

Aus dem Küchenfenster konnte sie auf das Dach des Nachbarhauses sehen. Ein Vogel saß auf dem First und sang. Das konnte keine Feldlerche sein, auch wenn der Gesang lerchenähnlich war. Sie holte das Fernglas, das sie am gestrigen Abend auf die Anrichte gelegt hatte, und sah hindurch. Eine Alpenbraunelle! Sie lächelte. Sie kannte diesen Vogel bisher nur aus der Literatur, in natura hatte sie ihn noch nie gesehen. Klar, der Schneeeinbruch hatte viele Vögel in tiefere Lagen vertrieben. Sie legte das Glas wieder zurück. Dann schüttelte sie den Kopf. Was tat sie da? Wollte sie vermeiden, dass er sie mit dem Fernglas in der Küche antraf? Das war doch nicht anstößig. Er kannte doch ihr Hobby. Aber kannte er es wirklich? Hatte er überhaupt eine Ahnung davon, wie sehr sie an diesem Hobby hing? Ihr wurde unwohl bei dem Gedanken an seine bevorstehende körperliche Anwesenheit. So weit war es schon gekommen. Objektivierbar war dieses Gefühl sicher nicht, es war nichts vorgefallen, sie hatten sich nicht gestritten, aber Gefühle ließen sich nun einmal nicht kommandieren.

Sie beeilte sich mit dem Kaffeetrinken. Sie trank die Tasse leer, aß noch eine Schnitte Brot und ein Ei und machte sich dann auf. Sie wollte noch eine Runde um den Flugplatz drehen. Sie war neugierig. Vielleicht gab es weitere Vogelarten, die sich aus dem Hochgebirge in das Tal zurückgezogen hatten. Am besten wäre es, danach nicht nach Samedan zurückzukehren, sondern gleich zum Bahnhof von Pontresina zu gehen, den Zug zu besteigen und nach Süden zu fahren. Das Val di Poschiavo lag nur tausend Meter hoch, dort war sicher alles grün und sie könnte im Sonnenschein eine weitere kleine Wanderung unternehmen.

X

Er hörte sie die Wohnung verlassen. Er war längst wach. Sein Knie zwickte noch, aber es war auszuhalten. Am gestrigen Abend hatte er kurz von dem Unfall berichtet, sich dann aber schnell in sein Zimmer zurückgezogen und vorgegeben, noch etwas lesen zu wollen. In Wirklichkeit aber hatte er allein sein wollen. Die Plastiktüte mit dem Bier war ihr nicht entgangen, aber musste er sich als Erwachsener für alles, was er tat, rechtfertigen? Hatte sie, als er mit der Krücke in die Küche ging, um einen Öffner zu holen, den Kopf geschüttelt? Vielleicht hatte er sich das alles auch nur eingebildet. Er empfand die Situation als belastend. Sie sprachen nicht richtig miteinander, im Grunde kommunizierten sie nur über die notwendigsten Dinge des täglichen Lebens. Er trank nur Kaffee, essen würde er später irgendwo. Er musste noch ins Spital, den Verband neu justieren zu lassen. Danach wollte er in Celerina seine Skier holen und, wenn er das erledigt hatte, mit der Bahn fahren, der Bernina-Bahn, der steilsten Adhäsionsbahn der Welt. Nach dem Schneefall von der Nacht war sicher ein Schneepflug vor der Lok. Er wollte sich ganz nach vorne setzen, es war ein gewaltiges Schauspiel, wenn der Zug durch die stiebenden Schneemassen fuhr.

XI

Sie hatte den Flugplatz umrundet und ging an verschneiten Wiesen entlang zum Bahnhof von Pontresina. Sie besorgte sich ein Ticket, stellte sich am Kiosk an, kaufte eine Cola und ein Baguette und unterquerte die Gleise. Die Bernina-Bahn stand auf Gleis 6 bereit. Vorne befanden sich zwei Triebwagen, die auch Sitzplätze für Reisende hatten, dahinter drei Wagen. Angehängt waren zwei Holztransportwagen. Sie saß nicht gerne in der Lok. Das singende Geräusch, welches diese produzierte, hatte eine Frequenz, die ihr nicht behagte. Sie ging nach hinten. Einer der Wagen war fast leer. Sie stieg ein. Hatte sie ihn, als sie an dem ersten Triebwagen vorbeiging, gesehen? Wenn er es war, dann saß er auf der dem Bahnsteig abgewandten Seite und hatte sich klein gemacht. Die Farbe seiner Jacke war eigentlich unverwechselbar. Im Grunde war es albern, solch ein Versteckspiel zu betreiben, auf der anderen Seite war es ihr völlig recht, nicht gemeinsam mit ihm in demselben Wagen zu sitzen.

Der Zug fuhr an. Sie trank die Cola und verzehrte das Baguette. Sie versuchte, etwas zu dösen. In Poschiavo wollte sie wieder fit sein. Eine weitere Wanderung in frischer Luft würde ihr guttun. Sie hatte schlecht geschlafen, ständig hatten ihre Gedanken sie geweckt. Wäre sie gefragt worden, was es denn konkret wäre, sie hätte es nicht beantworten können. Vielleicht waren es die Kleinigkeiten all der vielen Jahre, die sich aufsummiert hatten. Aber warum war ihr schon der Gedanke an seine Anwesenheit so unangenehm?

Sie erwachte in Cadera. Noch etwas schläfrig blinzelte sie aus dem Fenster. Cadera wirkte öde. Graue Steinhäuser mit kleinen

Fenstern standen ohne Plan herum. Aber Cadera war wohl wichtig für die Elektrizitätsversorgung des Poschiaver Tals. Der Zug rumpelte quietschend die Serpentinen nach Poschiavo herunter. Dort verließ sie den Zug.

Sie ging durch die Stadt. Die Totenschädel hinter den Gittern am Kirchplatz kannte sie schon. Dann ging sie hoch nach Cologna und danach, wieder absteigend, nach Prada. Die Luft war klar, die Sonne schien, aber es war windig. Die Wiesen lagen da in sattem Grün. Kleine Krokusse hatten sich durch die Erde gearbeitet und zeigten weiße oder violette Blüten. Feldlerchen saßen in der Wiese und sangen. Sie kam durch Pagnoncini. Vor einigen Jahren hatte sie sich über die hohe Populationsdichte des Gartenrotschwanzes gewundert. Ob diese Vögel noch da waren? Ihre Erwartung trog sie nicht. Der Weg zum Lago di Poschiavo wurde immer windiger. Sie bog nach rechts Richtung Le Prese ab.

Der Wind ließ nach. Ein Trupp von Vögeln war in der Luft. Sie sah spitze, nach hinten gebogene Flügel und einen rasanten Flug. Waren es Mauersegler? Sie nahm das Glas. Nein, es waren Felsenschwalben. Am Poschiavino, einem kleinen Fluss, bog sie auf dessen Damm ein und ging erst auf dem Damm, dann durch Wiesen nach Poschiavo zurück. Am Bahnhof war der Coop gelegen. Sie hatte noch die Zeit, etwas einzukaufen. Dann stellte sie sich auf den Bahnsteig. Der talwärts fahrende Zug nach Tirano war schon eingelaufen und stand direkt vor ihr auf Gleis 1. Der bergwärts fahrende Zug nach Pontresina würde auf Gleis 2, also ein Gleis dahinter, eintreffen. Er durfte aber erst bestiegen werden, wenn der andere Zug abgefahren war und Gleis 1 frei war. Der erwartete Zug, wieder mit zwei Triebwagen vor den Wagen, hinten zwei Tankwagen angehängt, erreichte den Bahnhof von Poschiavo und fuhr in

Gleis 2 ein. Der Gegenzug Richtung Tirano setzte sich in Bewegung. Sie ging über die freigewordenen Gleise, um einzusteigen. Da sah sie ihn in dem ersten Triebwagen am Fenster sitzen. Sie hob eine Hand, ganz ernst, und bestieg einen der hinteren Wagen.

XII

Spital, Skier holen, er hatte alles erledigt. Der Verband saß gut und die Schmerzen waren mit Medikamenten erträglich. Er hatte einen Rucksack bei sich, so konnte er auf Plastiktüten und dergleichen verzichten und hatte eine Hand für seine Krücke frei. Er hatte seine Skier in Celerina abgeholt und sie in den Zug mitgenommen. Jetzt standen sie in einem Skiständer und würden ihn nicht weiter stören. Er war von Celerina nach St. Moritz gefahren und dort in die Bernina-Bahn umgestiegen. Der Zug war bis Pontresina gefahren und wartete jetzt auf den Gegenzug, um dann über den Bernina-Pass ins Tal von Poschiavo zu fahren. Er saß in einem der kleinen Abteile, die der Triebwagen führte. Hier konnte er die Fahrt am besten genießen. Er hatte sich in Pontresina auf die bahnsteigabgewandte Seite des Abteils umgesetzt und wartete auf die Abfahrt seines Zuges. Was wäre, wenn sie denselben Zug benutzen wollte? Es war eine unwahrscheinliche Idee und warum hatte er davor Angst?

Dann sah er sie, wie sie auf den Bahnsteig kam. Er machte sich klein. Er wollte nicht gesehen werden. Sie blickte auf den Triebwagen, in welcher er saß. Blieb sie stehen? Hatte sie ihn gesehen? Es schien ihm nicht so. Sie ging weiter zu einem der Wagen am Ende des Zuges. Er war erleichtert. Der Zug fuhr an und er versuchte, sich auf die Strecke mit den vielen Kurven und Ausblicken zu konzentrieren. So oft kam er nicht dazu, diese Bahnfahrt, die er neben der Albula-Strecke für einzigartig hielt, zu machen. Wie er es vorausgesehen hatte, mühte sich der Zug vor dem Ospizio Bernina durch aufstiebende Schneemassen auf den Gleisen. Er versuchte, dieses Spektakel zu genießen. Er konnte es nicht. Nicht nur die Szene im Bahnhof von Pontresina ging ihm durch den Kopf. Die gesamte Situation war einfach nur idiotisch und völlig verfahren.

Das Tal von Poschiavo war grün und lag in der Sonne. Er blieb in Poschiavo im Zug sitzen und fuhr bis Le Prese. Dort angekommen, nahm er seine Skier und stieg aus. Er überquerte die Straße, über die in diesem Streckenabschnitt auch die Bahngleise führten, und ging zu einem Albergo. Seine Skier stellte er an die Hauswand an, sollten die Leute doch denken, was sie wollten. Er bestellte einen Espresso und versuchte erneut, sich zu konzentrieren. Es gelang ihm nicht, seine Gedanken zu ordnen. Weniger aus Hungergefühl, mehr, um etwas zu tun zu haben, fragte er nach der Speisekarte. Er wählte Spaghetti Bolognese, da konnte er nichts falsch machen. Das Essen kam. Er streute frisch geriebenen Parmesan über die Spaghetti. Er probierte. Die Spaghetti und die Soße waren gut, aber nicht großartig. Ein Zug der Bernina-Linie Richtung Engadin fuhr vorbei.

Er ließ sich mit dem Essen Zeit. Ihm blieb noch eine ganze Stunde, die Züge verkehrten tagsüber stündlich. Er bestellte ein Glas eines Veltliner Weines. Der Wein war gut. Er fragte nach. Der Wein kam aus Italien, aus einem Weinberg, der an der Adda gelegen war. Früher hatte dieses Land zu dem graubündischen Teil der Eidgenossenschaft gehört. Er fragte die Wirtin, ob man diesen Wein auch zum Mitnehmen kaufen könnte. Sie sagte, sie würde ihm den Wein zum normalen Ladenpreis überlassen. Er entschied sich für zwei Flaschen, steckte diese in seinen Rucksack, bezahlte seine Rechnung, nahm seine Skier und ging über die Straße mit den Gleisen, um an der Haltestelle auf den Zug zu warten. Er war viel zu früh dran. Im Grunde hätte er erst dann zahlen und losgehen müssen, wenn sich der Zug, den man schon von weitem sehen konnte, näherte. Es war ihm bewusst, dass er das nicht konnte. Er konnte nicht aus seiner Haut. Der Zug kam, er nahm den ersten Triebwagen. Er setzte sich in ein Abteil auf der rechten Seite. Der Zug fuhr in Poschiavo ein. Er sah, wie sie über die Gleise auf den Zug zukam, in dem er saß. Als sie eine Hand hob, hob er auch leicht eine Hand, ohne sich bewusst zu sein, dass sie seine Hand nicht sehen konnte. Er sah sie einen der hinteren Wagen besteigen. Der Zug fuhr an.

XIII

Der Zug fuhr die Serpentinen hoch. Bald war Cadera erreicht. Hinter Cadera ging es weiter in Kurven bergauf bis zur Alp Grüm. Sie blickte hinaus. Der Gegenzug wartete bereits in der Ausweiche dieser Station. Das Restaurant war geschlossen, aus dem Wartehäuschen aber kamen Menschen heraus und bestiegen den Zug. Es hatte angefangen zu schneien. Türen schlossen sich und der Zug verließ den Bahnhof von Alp Grüm, stetig im letzten Abschnitt vor dem Pass an Höhe gewinnend. Ein Donnern war zu hören. Die Erde bebte. Die Lichter im Zug gingen aus, der Zug stoppte. Wenig später gingen die Lichter wieder an und der Zug setzte sich langsam in Bewegung, blieb aber nach kurzer Wegstrecke wieder stehen. Wind war aufgekommen. Dichtes Schneetreiben behinderte die Sicht. Der stehende Zug schwankte leicht. Sie blieb ganz gelassen. Was sollte passieren? Schlimmstenfalls würde sie auf den Schienen zur Alp Grüm heruntergehen. Schwindelfrei war sie, auch wenn es gerade hier von den Bahngleisen sehr steil herunterging. Die Alp Grüm war ein solider Bau und der Warteraum war geöffnet. Normalerweise kam jede Stunde ein Zug. Und wenn nicht, würde sie eben warten, bis einer käme.

Sie musste an ihn denken. Hatte er jetzt Stress? Es war sicherlich etwas anderes, in einem funktionierenden Skilift zu sitzen als in einem schwankenden Zug über einem Abgrund. Hätte er die Möglichkeit, den Zug mit seinem kaputten Bein und der Krücke hier zu verlassen und zu Fuß weiterzukommen? Sie schob diese Gedanken beiseite, als der Zug zurückrollte. Der Schaffner kam durch den Wagen. Er sagte, dass eine der beiden Loks einen Kurzschluss gehabt hätte und ausgefallen wäre. Sie könnte aber problemlos mitgezogen werden. Sie müssten sich aber jetzt zur Alp Grüm zurückrollen lassen und die beiden schweren Tankwagen abkoppeln. Dann sollte es mit einer intakten Lok weitergehen, das wäre ohne die Tankwagen völlig ausreichend.

Als all das, was der Schaffner angekündigt hatte, ausgeführt worden war, ging es tatsächlich weiter. Der Zug erreichte Pontresina weit nach der fahrplanmäßigen Zeit. Sie stieg aus ihrem Wagen aus. Er war wohl ausgestiegen, sie konnte ihn auf dem Bahnsteig nicht sehen. Sie ging an dem Triebwagen vorbei, in dem sie ihn vorhin hatte sitzen sehen. In diesem konnte sie ihn aber auch nicht sehen. Sie drehte sich vor der Treppe zur Unterführung noch einmal um. Niemand stieg jetzt noch aus dem Zug aus. Sie durchquerte die Unterführung. Als sie die Treppe auf der anderen Seite wieder hochkam, gab es eine Lautsprecheransage. Ein Erdbeben hätte die Bahnstrecke nach Samedan lahmgelegt, ein Bus stünde bereit. Sie ging zum Bus, stieg am Bahnhof von Samedan aus und ging über Straßen und eine Stiege zu dem Haus, in dem sich die gemeinsame Ferienwohnung befand.

XIV

Er war in Pontresina im Zug sitzen geblieben. Er hatte es vermeiden wollen, mit ihr gemeinsam umzusteigen. Wie hätte er sich ihr gegenüber verhalten sollen? Mit ihr sprechen? Sein Verhalten erklären? Weit nach vorn gebeugt saß er da, müde und erschöpft wie nach einem schweren Sportwettkampf. Auch im Kopf fühlte er sich ausgelaugt. Sein Glaube an die Ingenieurskunst hatte Risse bekommen. Er hatte die hektische Betriebsamkeit im Führerstand der Lok durch die geöffnete Tür mitbekommen und den aufgeregten Wortwechsel zwischen Lokführer und Schaffner. War es die angstbesetzte, schwindelerregende Situation bei der Alp Grüm oder war es der fade Beigeschmack des ganzen Tages? Er konnte es nicht erklären. Wahrscheinlich kam alles zusammen. Er zuckte mit den Schultern. Eine gemeinsame Zugfahrt sah anders aus. Warum waren sie unfähig, miteinander zu sprechen?

Sein Zug setzte sich Richtung St. Moritz in Bewegung. Für ihn mit dem Ziel Samedan war es im Grunde gleichgültig, ob er in Pontresina oder in St. Moritz umstieg. Auf engem Raum bestand ein Gleisdreieck mit Pontresina im Norden, St. Moritz im Osten und Samedan im Westen und die jeweiligen Anschlüsse waren gut. Der Zug erreichte den Haltepunkt Punt Muragl, bremste ab und blieb stehen. Der Schaffner kam erneut durch. Er sagte, die Oberleitung wäre zerstört, alle Reisenden müssten aussteigen. Von der Bushaltestelle auf der anderen Seite des Flusses würden sie weiterkommen.

Seufzend erhob er sich, nahm Rucksack, Skier und Krücke und stieg mit einigen wenigen Mitreisenden aus dem Zug. Es war dunkel geworden. Er nahm einen schlammigen Weg bis hin zum Hauptweg, überquerte den Flaz auf einer Holzbrücke und stieg mühsam hinauf zur Bernina-Straße hoch, um zur Bushaltestelle zu gelangen. Nach einiger Zeit kam der Bus. Er stieg am Bahnhof von Samedan aus. Er war zu müde, um zu Fuß zu gehen. Er nahm sich ein Taxi und fuhr mit diesem zur Ferienwohnung. Er quälte sich mit seinem Gepäck die Treppen hoch und schloss die Wohnungstür auf. Im Flur brannte noch Licht. Er legte sein Gepäck ab und hängte die Jacke auf. Er sah, dass in ihrem Zimmer das Licht noch brannte. Sollte er versuchen, noch einmal mit ihr zu reden? Er schüttelte den Kopf. Nein – das ging nicht mehr.

Finale

Sie hatte am Morgen nach ihrem Ausflug in das Val di Poschiavo noch einmal versucht, mit ihm zu reden. Es war zwecklos gewesen. Er hatte auf die Frage „Sollen wir reden?", nicht reagiert. Es war zwecklos, es war zwecklos. Sie konnte gegen das Gefühl der Resignation nicht mehr aufbegehren. Sprachlosigkeit hatte sie beide geschlagen. Sie hatten die letzten Tage, wie immer, schweigend miteinander zugebracht, nur die notwendigsten Dinge besprechend. Sie waren sich, soweit sie konnten, aus dem Weg gegangen. An Abfahrt war nicht zu denken. Die Eisenbahnlinie war nach dem Erdbeben noch einige Tage stillgelegt und die Pässe waren gesperrt.

Sie war von dem unbezwingbaren Wunsch beseelt, diesen unerträglichen Zustand zu beenden. So konnte und wollte sie nicht weitermachen. Was sollte sie tun? Noch einmal, vielleicht vergeblich, den Versuch machen, mit ihm zu sprechen, um dann in eine schweigende Maske zu blicken? Oder sollte sie später endlose Diskussionen um den Versorgungsausgleich führen, bei dem sich unzählige Advokaten eine goldene Nase verdienten?

„In eine bessere Welt." Das fiel ihr ein. Es klang leicht zynisch. Aber glücklich war er auf dieser Welt sicherlich nicht. Depressiv war er manchmal, auch wenn er es selbst nicht wahrhaben wollte. Wo kam sein erhöhter Blutdruck her, gegen den er Tabletten nehmen musste? Warum trank er mehr Alkohol als er sollte? Sicher, er war nie außer Kontrolle, aber es konnte für ihn nicht gut sein. Sein Perfektionismus machte ihn nicht lebensfroh. Sie war erleichtert, diesen Entschluss gefasst zu haben. Ganz mechanisch, wie wenn ein Kind seine Schularbeiten macht, machte sie sich an die Arbeit.

Erst würde sie eine E-Mail an seinen besten Freund schreiben, wie unglücklich er wäre, er käme aus seiner Haut nicht heraus, der Blutdruck wäre labil, das Knie kaputt und die Höhe schlüge ihm auf das Gemüt. Dann würde sie Tomatensuppe kochen nach einem alten Rezept: „Zwiebeln leicht glasig schwitzen, passierte Tomaten dazugeben, einen Schuss Olivenöl dazu und vier Stunden lang köcheln lassen. Mit Pfeffer, Salz, Oregano und Basilikum abschmecken." Den Basilikum-Anteil würde sie erhöhen, das überdeckte den bitteren Geschmack der Blutdrucktabletten. Wie viele Tabletten wären in einem Teller Tomatensuppe ausreichend, ohne durchzuschmecken? Sie entschied sich für zehn. Er war schon raus. Sie hatten sich kurz getroffen, nachdem sie einkaufen gewesen war. Sie begann, die Tomatensuppe anzusetzen. Als diese leicht köchelte, stellte sie den Herd klein und stellte den Laptop an. Sie versuchte, eine E-Mail an seinen Freund zu schreiben. Die Leitung war tot.

Er hatte die Zeit genutzt, nachdem sie zum Einkaufen gegangen war. Das Balkongeländer bestand aus Latten, die auf einem linken, mittleren und rechten Pfosten aufgeschraubt waren. Von der Mitte gab es eine Latte nach rechts und eine nach links. Er drehte die Schraube, welche die Latte mit dem rechten Pfosten verband, aus diesem heraus, planierte das hölzerne Gewinde des Pfostens mit einem Schraubenzieher, umwickelte die Schraube mit Zeitungspapier, welches neben dem Cheminée lag und steckte sie an ihren alten Ort zurück. Er hatte darauf geachtet, dass auf dem Stück der Zeitung, welche er benutzte, ein Datum stand. Dieses lag ein halbes Jahr zurück. Sie würde, hörte sie irgendeinen seltenen Vogel, auf den Balkon stürzen und ihre rechte Hand auf den rechten Teil des Geländers stützen. Unter ihrem Gewicht würde das Brett nachgeben, nach vorne schwingen und sie, in die Tiefe stürzend, mitnehmen. Allein für das Haus schätzte er es auf drei Meter Fallhöhe. Das war sicher nicht ausreichend, aber dann ging es noch weiter nach unten entlang der mit Maschendraht armierten Mauer aus einbetonierten Bruchsteinen, welche, steil zur Straße abfallend, noch einmal fünf Meter an Höhe aufwies. Das würde reichen. Sie sollte nicht leiden.

Irgendwie war er erleichtert, diesen Entschluss gefasst zu haben. Es war unerträglich geworden. Mit offenen Aggressionen hätte er leben können, mit dem Gefühl der Missachtung nicht. War es seine Wahrnehmung, wie sie die Augenbrauen hochzog, wenn er eine Dose Bier öffnete, oder meinte er nur, es so zu sehen? Wie lächerlich war er sich vorgekommen, als er sich in Pontresina im Zug geduckt hatte, um nicht gesehen zu werden. Er wunderte sich nicht darüber, wie zielstrebig er soeben vorgegangen war, sondern mehr darüber, dass er diesen Entschluss überhaupt gefasst hatte. Er nahm seine Krücke und ging spazieren.

Er kam zurück. Das Knie schmerzte nicht mehr wie am Anfang. Die Treppen kam er besser hoch. Die Krücke würde er nur noch wenige Tage benutzen müssen. Er öffnete die Türe. Ein bestimmter Geruch stieg ihm in die Nase. Er kannte den Geruch, er konnte ihn aber nicht zuordnen. Sie war noch da. „Was hast du denn Leckeres gekocht?", fragte er. Die kurze Zeit noch wollte er freundlich zu ihr sein. „Die Tomatensuppe steht auf dem Tisch. du kannst dich bedienen," sagte sie. Ihre Suppe hatte sie gegessen, es hatte ihr geschmeckt, alles andere hatte sie ausgeblendet. Ihren Teller hatte sie auf dem Tisch stehen lassen, das sah unverfänglicher aus. Die Menge eines Tellers, mit aufgelösten Tabletten angereichert, war noch im Topf. Er setzte sich, nahm die Schöpfkelle, tat sich auf und hielt sich prüfend den gefüllten Löffel unter die Nase. Er schmeckte. Der leicht bittere Geschmack kam sicher von den frischen Basilikum-Blättern. „Die Suppe ist gut." Er wollte weiter essen.

„Iss nicht weiter." Sie sagte es, aber es war nicht ihre Stimme. Krächzend war sie, leise, aber gut zu verstehen und die Stimme trug. Er hielt inne. Lange sahen sie sich an. Sie wusste, dass er es wusste. Nichts war gesagt, aber sie hatten einander verstanden. So saßen sie da, sie die Hände auf dem Tisch, er noch den Löffel in der Hand und sahen sich an und schwiegen.

Ein Beben ging durch das Haus. Die Gläser klirrten im Schrank, dann folgte ein neuer, stärkerer Erdstoß. Sie war froh, dass sie aufstehen konnte. Sie tat es, öffnete die Balkontür und wollte sich über das Balkongeländer lehnen. „Fass das Geländer nicht an!" Das waren seine Worte, lauter, als er sonst sprach, mit einem Ton, der keinen Widerspruch zu dulden schien. Sie bremste ihre Vorwärtsbewegung ab, blieb stehen, richtete sich auf. Stumm wies sie auf die rechte Balkonecke. Er nickte.

Neue Erdstöße erschütterten die Erde. Dem Tal gegenüber war der Piz Bernina mit seiner pyramidengleichen Spitze zu sehen. Diese Spitze umwölkte sich. Die Wolke wurde dunkler. Dann brach die Spitze ab und fiel in sich zusammen, Dampfwolken und Gestein wurden aus dem Berg herausgeschleudert, bis sich wenig später glühende Lava aus ihm ergoss. Im ganzen Tal fing es stärker an zu beben. Durch titanische, vulkanische Kräfte öffneten sich Krater, Lava sprudelte heraus und Gesteinsbrocken brachen heraus. Ein Inferno begann. Wie Spielzeugteile wurden die roten Wagen der Rhätischen Bahn in die Luft geschleudert, um dann, zerberstend und verkohlend, in der Glut zu versinken. Der Kirchturm vor ihnen fiel in sich zusammen. Das Tal füllte sich weiter mit Lava, die sich unerschöpflich aus den neugebildeten Kratern ergoss. Die Lava kroch den Hang höher, Häuser zum Bersten bringend, gewaltige Hitze ausstrahlend. Sie zog sich wieder zurück, um dann erneut anzusteigen. Das Haus bebte, der Balkon zeigte erste Risse.

Sie waren auf dem Balkon stehengeblieben und sahen, ohne zu sprechen, auf das Inferno. Er legte seinen Arm auf ihre Schulter. Sie ergriff seine Hand und drückte sie. „Gibt es einen Ausweg?", fragte sie. „Ja", sagte er, „du siehst ihn vor dir. Gott hat uns in seine Hände genommen. Er hat uns davor bewahrt, zu Mördern zu werden. Jetzt müssen wir ihn walten lassen."

Und die Glut stieg höher und höher, schmatzend und wabernd, weitere Gesteinsbrocken ausstoßend, unheimlich, bedrohlich, alles vernichtend, bis eine große Fontäne die beiden verschlang.

Aus dem Hamburg der Hansezeit

Die Ehre des Roberecht Erik Tarnus

Roberecht Erik Tarnus saß an seinem kleinen Sekretär, der seinen Ladenraum nach hinten beschloss. Vorn die Auslagen mit den Textilien, zur Rechten ein Durchgang zur Küche, an die sich zwei Kammern anschlossen, und zur Linken ein Durchgang zum Raum mit dem Räucherofen. Tarnus sann gerade über einen Fall nach, der ihn in seinem Nebenberuf als Späher beschäftigte. Das Wort „Späher" war eine scherzhafte Neuschöpfung von ihm. Es war eine inoffizielle Bezeichnung, Tarnus benutzte sie nur vor sich und ansonsten nur vor Menschen, auf die er sich unbedingt verlassen konnte. Für den Rat der Stadt gab es einen solchen Beruf nicht, aber es gab immer Menschen, die Rat über den Verbleib verschwundener Familienmitglieder einholten, oder Diebstähle, die nicht aufgeklärt werden konnten. Nicht selten ging es auch um Fälle, in denen eine Frau Auskunft über etwaige Buhlschaften ihres Eheherren wünschte. Und für diese Menschen erledigte Tarnus ganz einfach „Botengänge", also Dienste, wie sie sonst Mägde und Knechte erledigten. So hatte er auch mit den Schreibern und den Advokaten nicht zu tun.

Strenger Geruch breitete sich aus. Tarnus erhob sich. Genug der Gedanken! Es war Zeit, wieder in seine eigentliche Arbeit einzutauchen und zum Räucherofen zu gehen. Die gebrauchten Anziehsachen, die er in den Räucherofen gegeben hatte, sollten jetzt frei von Läusen oder Wanzen sein. Das Räuchern von Anziehsachen war eine Kunst: Räucherte man zu lange, konnte der Stoff Schaden nehmen, räucherte man zu kurz, möglicherweise der neue Käufer. Vielleicht nicht sonderlich geachtet, betrieben die Händler für den An- und Verkauf gebrauchter Anziehsachen dennoch eine verantwortungsvolle Tätigkeit, wie Tarnus fand. Sicher, Seide spann man damit nicht, es reichte zum Leben; aber über seinen Nebenberuf konnte er doch den einen oder anderen Silberling zusätzlich einnehmen. Und dann konnte es sein, dass es Honig zum Haferbrei gab und vielleicht dazu auch eine Kanne des vollmundigen Exportbieres, welches zwei Straßen weiter im Brauhaus von Dörte Hendriksen gebraut wurde. Und manchmal, aber selten, war auch der Besuch einer der zahlreichen Garküchen möglich.

„Meister, wann soll ich das Mittagsmahl bereiten?" Wiebke, die Jungmagd von Tarnus, stand in der Tür zur Räucherkammer.
„Ist es schon Zeit?", fragte Tarnus.
„Ja, Meister, vom Mariendom hat es zwölf Uhr geschlagen."
„Dann lass mich noch den Räucherofen besorgen und die Sachen zum Kühlen ausbreiten. Sagen wir um viertel Eins?"
„Gerne, Meister." Wiebke lächelte.
Eine echte Schönheit war Wiebke nicht: Klein von Wuchs, etwas verwachsen und in der oberen Zahnreihe klaffte mittig eine Lücke. Aber schön waren ihre langen, blonden Haare und schön waren auch die leuchtenden blauen Augen. Wiebke von Föhr – ihren Familiennamen hatte Tarnus nicht in Erfahrung bringen können – war ein Findelkind, das über einen guten Freund zu ihm gekommen war, dessen Frau Mutterfreuden entgegensah. Nur für kurze Zeit, wie es geheißen hatte. Doch als dann die Frau dieses Freundes samt dem Neugeborenem unter der Geburt gestorben war und der Freund auf Reisen gehen musste, war Wiebke bei Tarnus geblieben. Es war nicht immer leicht mit Wiebke gewesen. Tarnus hatte diesem verängstigten Kind nicht die Mutter ersetzen können. Aber auch die Gegend, in der er seinen Laden betrieb, war nicht die allererste. Der Kattrepel war nicht nur die Straße der Seilwinder, die hier die Seile für die großen Koggen und die flachbödigen Ewer herstellten, er war auch die Straße der Hurenhäuser und der zwielichtigen Bader. Es war eine Gegend,

in der man Mädchen im Dunkeln nicht allein aus dem Haus lassen konnte.

„Meister, wo bleibt ihr?", kam es aus der Küche.

„Ich komme." Tarnus breitete die geräucherte Ware auf einem der Tische aus, die vorn im Laden aufgestellt waren. Er betrat die Küche. Wiebke hatte Haferbrei in zwei irdene Schüsselchen gefüllt. „Haferbrei mit Honig", sagte sie stolz.

„Wo ist der Honig denn her?", wollte Tarnus wissen, indem er sich setzte.

„Meister, den hat euch der Gevatter Bensheim zukommen lassen für eure Botendienste. Stellt euch vor, er hat heute Morgen, als ihr unterwegs wart, vier Becher abgegeben. „Edelste Tracht aus dem Alten Land", hat er gesagt.

Tarnus nahm einen Löffel von dem Haferbrei. „Köstlich." Er sah das Leuchten in Wiebkes Augen über das Lob. Es war schön, zu beobachten, wie sich dieses verängstigte Kind in den letzten Jahren zu einem Geschöpf entwickelt hatte, welches an der Schwelle zur jungen Frau stand. Wiebke würde in wenigen Jahren mannbar sein und ihrem Eheherrn eine gute Frau und gute Mutter seiner Kinder abgeben. Doch was mochte sie vorher alles in ihrem jungen Leben erlebt haben?

„Gevatter Bensheim sagte, ihr hättet ihm mit euren Botendiensten wirklich sehr geholfen." Manchmal konnte Wiebke auf eine ganz spezielle Weise neugierig sein.

„Na ja", antwortete Tarnus, „er hatte nach einem Verwandten gesucht. Und den habe ich nach drei oder vier Botengängen dann gefunden." Er nahm einen weiteren Löffel von dem Haferbrei. „Es war eigentlich ganz einfach."

„Ihr stellt euer Licht immer unter den Scheffel." Wiebke löffelte ihr Schälchen mit dem Haferbrei aus. „Bei euch ist alles so einfach, auch das Lesen und das Schreiben. Ihr seid ein gelehrter Mann, auch wenn ihr am Kattrepel lebt." Es war nicht das erste Mal, dass Wiebke diesen Sachverhalt ansprach.

Von der Ladentür her ertönte die Glocke. Tarnus stand auf. Er war froh, Wiebkes Fragen entgehen zu können. Sicher, Fragen nach seiner Vergangenheit waren berechtigt, andererseits – wie sollte man Fragen beantworten, wenn man für sich selbst keine Antworten hatte? Warum war er nach Hamburg gekommen? Warum wirkte er so gelehrt? Vielleicht gab es Antworten, aber keine Lösungen.

„Watt giffts?" Tarnus begrüßte seinen Kunden, einen jungen Mann.

„Ik wollt ne Gugel."

„Lässt sich machen." Tarnus verwies auf den Tisch, auf dem er soeben die geräucherte Ware abgelegt hatte, und zog eine Gugel hervor, einen Schulterkragen mit angenähter Kapuze. „Da ist eine, die kommt frisch aus dem Rauch. Ist ein gutes Stück. Zwei Witten."

„Kommt nicht in Frage." Der junge Mann tat empört. „Wie soll ich bei meiner Löhnung zwei Witten zahlen?"

„Nimm noch ein Paar Schuhe dazu." Tarnus musste wohl verhandeln. Er zog ein Paar Schuhe aus einem Regal heraus. „Die müssten dir passen. Guck hier, die Sohlen sind nur ganz leicht abgelaufen. Die lege ich dazu."

„Ik gefft di eine Witte für beides."

„In Ordnung." Tarnus zog die Schultern hoch. So war das Geschäft.

„Und was machst du so?", fragte er den jungen Mann. „Für einen Schiffsjungen erscheinst du mir zu alt. Fährst du überhaupt zur See oder bist du Schauermann?"

„Ja, im Augenblick bin ich noch Schauermann", antwortete der. „Aber ich will auf See. Erst will ich Schiemann werden und später Schiemannsmaat."

„Schiemannsmaat, das soll wohl schon was sein." Tarnus nickte anerkennend.

„Schiemannsmaat auf einer großen Kogge", sagte der junge Mann, dessen Oberlippe schon ein erster Flaum zierte, „da kann ich viel Geld zurücklegen."

„Was wirst du mit dem Geld machen?"

„Freien", murmelte der junge Mann versonnen. „Ein nettes und anständiges Mädchen will ich in allen Züchten heimführen. Wisst ihr, nach Buhlschaften oder dem Besuch von Hurenhäusern steht mir nicht der Sinn." Er hob abwehrend die gespreizten Hände.

„Brav", sagte Tarnus. „Dann bleib so anständig wie du bist. Scheinst mir ein aufrechter Gesell zu sein."

„Will ich wohl meinen." Der junge Mann ließ seine Blicke im Laden herumstreifen. Tarnus folgte seinen Blicken. Hatte er nicht ganz kurz Wiebkes Gesicht im Durchgang zur Küche gesehen? „Ich muss dann mal gehen." Der junge Mann nahm Gugel und Schuhe. „Auf Wiedersehen."

„Auf Wiedersehen", sagte Tarnus, die Glocke der Ladentür ertönte und dann war der junge Mann schon auf dem Kattrepel verschwunden.

Tarnus setzte sich wieder an seinen Sekretär. Er musste an Gevatter Bensheim denken. Wie erleichtert musste dieser gewesen sein, dass er persönlich vorbeigekommen war, um Honig zu bringen. Für einen angesehenen Bürger Hamburgs, der in der Reichenstraße wohnte, gehörte es sich eigentlich nicht, zum Kattrepel zu gehen und von den Huren begafft oder angeredet zu werden. Auf der anderen Seite: Hätte Bensheim einen Knecht geschickt, wäre eine Geschäftsbeziehung zu einem Kleiderhändler auf dem Kattrepel offengelegt worden, auch das hätte Gerede nach sich ziehen können. Aber da war noch etwas Anderes: Er, Tarnus, hatte ja von Bensheim seinen Lohn erhalten, immerhin 15 Silberlinge. Wenn Bensheim jetzt diesen Gang machte, um ein Geschenk abzugeben, dann war das eine Geste, eine Geste des Dankes und des Vertrauens. Das machte Tarnus stolz.

Die Glocke der Ladentür ertönte erneut. Ein großgewachsener Mann trat ein. Er trug sich, entgegen der herrschenden Mode, ganz in Schwarz. Den Kopf bedeckte ein breitkrempiger Hut, der kaum einen Blick auf das Gesicht zuließ. Dann war ein schwarzer Mantel zu sehen und auch die Hosenbeine waren gänzlich schwarz. Alle Kleidungsstücke waren von erlesener Machart.
„Roberecht Erik Tarnus?" Die Stimme des Schwarzen klang herrisch.
„Ja, mein Herr." Tarnus stand auf.
„Ich brauche eure Dienste."
Tarnus zuckte mit den Schultern. „Ich kenne euch zwar nicht und ihr kommt wohl auch nicht von hier, aber ich kann mir nicht vorstellen, dass ihr bei mir gebrauchte Anziehsachen kaufen wollt."
„Es geht doch nicht um Anziehsachen", zischte der Schwarze, „es geht um eure Botengänge."
„Botengänge", fragte Tarnus, „was für Botengänge?"
„Seid kein Narr. Ich weiß, dass ihr gewisse Dienste anbietet."
„Ich fürchte, ich kann euch nicht weiterhelfen", gab Tarnus zurück.
Der Schwarze wechselte auf einmal die Stimmlage. „Entschuldigt, wenn ich zu harsch war. Ich will ganz offen sein. Ich bin in Not. In großer Not. Ich hatte mich auf die weite Reise in diese Gegend gemacht, um eine dringliche Familienangelegenheit zu

regeln. Ich hatte erst jetzt davon Kunde bekommen, da ich geschäftlich in Engelland weilte. Jetzt bin ich hier in Hamburg, vorher war ich in Wedel, davor noch in Brunsbüttel, überall war ich erfolglos. Ihr seid sozusagen meine allerletzte Rettung. Wenn ich nicht gehört hätte, dass eure Arbeit auch in allerhöchsten Kreisen gerühmt wird, ich hätte nie meine Schritte in diese Straße gelenkt."

„Das hört sich schon anders an als soeben", meinte Tarnus.

„Entschuldigt bitte nochmals meinen Ton", sagte der Schwarze, „aber ich bin in höchstem Maße angespannt. Ich bin nicht nur in Not, mir droht auch Gefahr, große Gefahr."

„Ihr solltet mir mehr zu dieser Angelegenheit sagen." Tarnus zeigte auf einen Stuhl neben dem Sekretär. „Setzt euch und erzählt."

Der Schwarze setzte sich und senkte seine Stimme. Gleichzeitig kam Glockengeläut vom Mariendom und Tarnus musste genau zuhören, um alles zu verstehen, während er bisweilen eine Frage einstreute.

Das Gespräch war beendet und der Schwarze hatte Tarnus' Laden verlassen. Tarnus war an seinem Sekretär sitzengeblieben. Ein merkwürdiger, herausfordernder Fall, aber auch ein merkwürdiger Mann. Erst so selbstgerecht, doch später fast unterwürfig. Aber was sollte es: Wenn jemand in Not war, dann war es geboten zu helfen. Andererseits: Er, Tarnus, hatte als Lohn 30 Silberlinge gefordert, für die Vielzahl der Aufgaben eine angemessene, insgesamt aber horrende Summe, die der Schwarze, ohne mit der Wimper zu zucken, bewilligt hatte. Ja, er hatte Tarnus sogar einen Vorschuss von 15 Silberlingen angeboten, den dieser aber abgelehnt hatte. Tarnus blieb jetzt ein halber Mond, um die Angelegenheit zu erkunden.

„Meister, wann wollt ihr zu Abend essen?" Wiebke war aus der Küche gekommen und stellte sich neben Tarnus, der vor seinem Sekretär saß. Er war erst vor kurzer Zeit zum Kattrepel zurückgekehrt. Ein befreundeter Getreidehändler hatte ihn Tage zuvor nach Brunsbüttel mitgenommen, dieser hatte dort geschäftliche Dinge zu besprechen gehabt. Die Hinreise stromab hatten sie in einem Tag bewältigen können, der schnelle Ewer und der Ostwind hatten ein Übriges getan. Allerdings hatte bei der Rückreise gegen den Strom und gegen auffrischenden Ostwind auch das schnelle Boot nichts ausrichten können, sie hatten kreuzen und nicht nur in Glückstadt, sondern auch noch in Wedel übernachten müssen. Tarnus fühlte sich müde und überanstrengt.

„Meister", mahnte Wiebke, „ihr müsst etwas essen. Wann habt ihr zuletzt eine Mahlzeit gehabt?"
„Heute früh", sagte Tarnus. Er bemühte sich um Freundlichkeit, auch wenn ihm nicht danach war. Wiebke sollte unter der Situation nicht leiden. „Wie ich dich kenne, wirst du den Brei schon auf dem Feuer haben."
„Genau", sagte Wiebke, „ich kann ihn jederzeit in Schüsselchen geben. Es ist auch noch Honig von Gevatter Bensheim da. Wollt ihr davon?"
„Sicher", sagte Tarnus, „wir beide wollen davon." Als sie am Tisch saßen und den Brei löffelten, fragte Wiebke, ob sein Botengang nach Brunsbüttel erfolgreich gewesen wäre.
Tarnus schüttelte den Kopf. Obwohl er wusste, dass Wiebke verschwiegen war, wollte er ihr nicht zu viel erzählen und eigentlich wollte er sie auch nicht an seinen Belastungen teilhaben lassen. „Ich habe nach einem lebendigen Menschen gesucht, aber ich habe nur ein Grab gefunden, das schon lange existiert. Ich bin viel unterwegs gewesen, nicht nur auf der Reise nach Brunsbüttel, aber ich habe im Grunde gar nichts

besorgen können." Dann wechselte er das Thema. „Und hier war alles in Ordnung? Waren Kunden da?"

„Natürlich", sagte Wiebke. „Es waren genug Kunden da. Ich habe einiges verkaufen können. zwölf Witten in vier Tagen! Ich habe sie in einem leeren Honigtopf von Gevatter Bensheim aufbewahrt. Nur beim Ankauf habe ich die Leute zurückgeschickt und ihnen gesagt, dass sie wiederkommen sollten, wenn der Meister da ist. Außerdem: Das Herdfeuer brennt immer noch und es ist genug Brei vorhanden. Ihr müsst euch keine Sorgen machen."

„Du bist eine wirklich gute Magd", meinte Tarnus.

Da sah ihn Wiebke plötzlich unvermittelt an. Ihr Blick war ganz klar, streng auf ihn gerichtet und ihre Sprache langsamer als sonst, aber sehr exakt. „Ich habe wieder einmal ein Gesicht gehabt. Es war in der zweiten Nacht, als ihr weg wart."

„Erzähle", forderte Tarnus auf.

„Da war ein großer Regen und eine Sturmflut, da brachen Kirchen auseinander und Kreuze zerschellten auf dem Boden. Taufbecken wurden durch die Luft geschleudert und Blut tropfte auf den Boden. Luzifer war es, ich weiß es, Meister, Luzifer."

Tarnus konnte inzwischen mit den Gesichtern seiner Jungmagd besser umgehen als früher. Wiebke hatte nun einmal ein zweites Gesicht, und das musste man ernst nehmen. Wie oft hatte sie etwas vorhergesehen, das dann eintrat, nicht konkret, aber in übertragenem Sinn!

„Wiebke, es tut mir leid, wenn du wieder ein Gesicht gehabt hast. Dann konntest du sicherlich nicht gut schlafen und hast dir Sorgen gemacht."

„Nein, Meister", sagte Wiebke, „ich habe das Gesicht gehabt und ändern kann ich es nicht. Luzifer ist erschienen und ich werde morgen in die heilige Messe gehen."

„Natürlich", gab Tarnus zurück, „dann tue es."
Wiebke blickte jetzt wieder wie sonst „Meister, könnte es sein, dass mein Gesicht mit dem Mann zu tun hat, der euch vor einiger Zeit den Auftrag gegeben hat?"
Tarnus blickte ungläubig. „Das kann ich mir nicht vorstellen. Ich gebe zu, sein Aufzug war etwas sonderlich und er wirkte zu Anfang unseres Gespräches etwas herrisch. Aber er war in Not. Das merkte man deutlich. Und Roberecht Erik Tarnus lässt niemanden in Not zurück. Also gab er mir den Auftrag und ich nahm ihn an. Dass ich jetzt mit meinen Botengängen nicht weiterkomme, das stört mich schon, aber das habe ich schon öfter erlebt."

Tarnus wollte das Thema wechseln. Er war ob der Reise nach Brunsbüttel enttäuscht und hundemüde und wollte sich früh in seine Kammer begeben, aber eine Frage brannte ihm noch auf den Nägeln. „Sag mal, Wiebke", begann er, da gibt es einen jungen Schauermann. Der hat vor kurzem bei mir eine Gugel gekauft, weißt du, ein gutes Stück und frisch geräuchert. Den habe ich vor ein paar Tagen wieder auf dem Kattrepel gesehen und heute, als ich zurückkam, war er nicht weit von der Tür unseres Ladens. Hatte der etwa an der Gugel etwas auszusetzen?"
Wiebke wurde bis an die Haarspitzen rot. Dann sprach sie, erst stockend, später eifriger. „Das ist Dierk, Dierk von Nordstrand. Er hatte die Gugel hier gekauft. Dabei haben wir uns gesehen und er war noch einmal hier im Laden. Noch ist er Schauermann, aber wenn er erst mal Schiemannsmaat ist, werden wir heiraten. Wir haben uns einander versprochen."
„Ein Schiemannsmaat und dazu noch ein so guter Junge, das ist ja ein Pfund", brummte Tarnus, um eine gewisse Rührung zu überspielen, aber Wiebke antwortete überschwänglich: „Ja, ein solch guter Junge und dazu noch Schiemannsmaat, das ist

wirklich ein Pfund. Ein Hochamt und ein Festessen zur Hochzeit wie die Reichen werden wir uns nicht leisten können, aber wir werden glücklich werden."

„Davon bin ich überzeugt." Tarnus sprach das Schlusswort. „Wir haben beide viel erlebt. Nun lass uns jeder in seine Kammer gehen und von den schönen Dingen des Lebens träumen."

Von der Ladentür ertönte die Glocke. Tarnus' Auftraggeber betrat den Laden. „Da bin ich", sagte er ohne Umschweife zu Tarnus, der gerade geräucherte Ware auf einem der Tische, die vorn im Laden waren, abgelegt hatte. „Habt ihr die Botengänge ausgeführt?" Er schlug denselben herrischen Ton an wie bei seinem ersten Besuch.

„Seid gegrüßt", antwortete Tarnus, ohne auf den Ton seines Besuchers einzugehen. „Ich habe viele Fragen an euch und ich fürchte, ihr seid mir ein paar Antworten schuldig. Ich will es kurz machen: Ich war hier in Hamburg, ich war in Wedel, ich war in Brunsbüttel. Ich habe gesucht, aber nichts war stimmig. In Brunsbüttel suchte ich einen lebendigen Menschen, doch ich fand einen alten Grabstein. In Wedel erging es mir ähnlich und auch in Hamburg passte nichts zusammen."

Doch Tarnus' Gegenüber schwieg.

Tarnus versuchte es erneut. „Ein wenig mehr müsst ihr mir schon sagen, wenn ihr wollt, dass meine Botengänge Erfolg haben sollen."

Da begannen erst die Schultern des Schwarzen zu zucken, dann kam dröhnendes Gelächter aus seinem Mund. Immer noch lachend, schlug er seinen breitkrempigen Hut hoch. „Erkennst du mich, Tarnus?"

Tarnus trat einen Schritt zurück. Ungläubig musterte er sein Gegenüber. Es konnte nicht sein, aber da war kein Zweifel. Wut und Bitterkeit mischten sich in Tarnus' Worte: „Theophrastus von Bebenheim. Was machst du hier?"

„Roberecht Erik Tarnus – einen Besuch wollte ich dir abstatten. Ich wollte sehen, wie es dir geht. Zuerst wollte ich deinen Wohlstand sehen, wie du kaum den Honig zum Brei erwirtschaftest, und dann wollte ich dich kreuz und quer durchs Land schicken. Ich wollte sehen, wie du erfolglos durch die Wedeler Marsch stapfst und wie du bei eisigem Ostwind elbauf kreuzt. Ich wollte sehen, wie du ratlos durch Hamburg streifst – und all das nur, weil ich wusste, dass du die Bitte eines Menschen, der vorgab, in Not zu sein, nicht abschlagen würdest. Ich wollte dir zeigen, wie naiv und manipulierbar du bist."

„Hast du mir nicht schon genug angetan?", fragte Tarnus.

„Ach, du meinst die alte Sache damals an der Alma Mater zu H…, als du im Rahmen der Doktorprüfung scheitertest?"

„Du hattest mich hintergangen", unterbrach Tarnus.

„Du musstest nur für deine Vertrauensseligkeit büßen. Wer gibt denn schon seine vertraulichen Ergebnisse preis?" Der Schwarze lachte hämisch. „In einem ersten Schritt hatte ich deine Thesen für die Prüfung übernommen. Danach konnte ich die hohen Herren in der Fakultät glauben machen, nicht ich hätte deine Thesen für die Disputation übernommen, sondern du die meinen. Es war übrigens ein Leichtes, ich der weltgewandte, eloquente Studicus, du der verschrobene Sonderling, der in einer Disputation schwerlich aus eigener Kraft hätte bestehen können. Der Rest ergab sich von selbst: Du wurdest mit Schimpf und Schande davongejagt und ich durfte mich mit dem Titel eines Doctor iuris utriusque schmücken."

„Warum nur", fragte Tarnus, „warum nur tust so etwas?"

„Du wirst es nicht glauben", antwortete der Schwarze, „aber es macht mir Freude, dich im Dreck liegen zu sehen, es macht einfach Spaß, dein Elend zu sehen, und das alles nur, weil du ein ach so tönernes und hohles Gefäß wie die Ehre anbetest."

„Du hast nicht recht", sagte Tarnus, „und du weißt es auch." Er spürte, dass er ganz ruhig wurde.

„Papperlapapp." Theophrastus von Bebenheim machte eine ausladende Geste. „Vielleicht komme ich auch noch einmal wieder. Du bist ein universitätsbekannter Betrüger und auch hier machst du Sachen, für die du keine Genehmigung hast. Ein Wink von mir, und du wirst beim hohen Rat der Stadt vorgeführt. Du wirst es nicht glauben: Ich habe großen Einfluss, sehr großen. Da kann es schnell dazu kommen, dass du ein Brandmal auf der Wange hast oder dir ein Ohr fehlt, wie es sich für Diebe oder Betrüger geziemt. Vielleicht kommt es ja auch dazu, dass Meister Pfingstmann – so heißt der entsprechende Herr ja hier – beigezogen werden muss, um in einem hochnotpeinlichen Verhör bei dir den dritten oder vierten Grad anzuwenden."

„Du willst mich vernichten", sagte Tarnus. „Vielleicht gelingt es dir, vielleicht auch nicht. Aber ob du mich ändern kannst, das glaube ich nicht."

„Wie auch immer", der Schwarze namens Theophrastus schnippte mit den Fingern. „In jedem Fall werde ich gleich dabei sein und mit allergrößtem Vergnügen zusehen, wie du auf den Knien vom staubigen Boden deines Ladens die Silberlinge aufklaubst, um dein elendes Leben zu fristen." Er zog eine Handvoll Silberlinge aus der Tasche seines Mantels. „Es sind 30 Silberlinge, verdient hast du sie nicht. Nimm sie als Geschenk von mir." Er warf die Münzen einzeln und verteilte sie weiträumig auf dem Ladenboden. Zuletzt griff er noch einmal in seine Manteltasche. „Einen Silberling hätte ich fast vergessen. Sieh hier die letzte Münze, die kommt dahinten in die Ecke."

„Theophrastus von Bebenheim, du hast gar nicht verstanden, was Ehre ist." Tarnus verschränkte die Arme vor seinem Körper. „Für dich ist es nur ein unverständliches Wort – eine Ansammlung großer Lettern auf einem Pergament, welche keinen Sinn ergibt. Für andere ist Ehre viel mehr. Es bedeutet für sie, dass sie aufrichtig und verlässlich sind, dass sie ohne Berechnung zueinanderstehen, kurz, dass sie einfach das sind, was man unter einem anständigen Menschen versteht. Und das alles ab imo pectore, von ganzem Herzen, ohne groß darüber nachzudenken. Aber was soll ich weiterreden, von all dem verstehst du nichts."

„Hochfahrende Gedanken", höhnte Theophrastus.

Luzifer! Tarnus kam die Erkenntnis. Wiebkes Gesichter hatten nicht getrogen. Und ohne die Stimme zu erheben, ganz einfach, aber mit Gewissheit sagte er zu seinem Gegenüber: „Du bist Luzifer. Du nahmst menschliche Gestalt an, aber du bist Luzifer, ich weiß es genau. Du kannst mich erniedrigen, bitte sehr, das kannst du haben. Du kannst mich vernichten oder auslöschen, auch das kann dir gelingen. Aber was auch immer du tust: Es wird immer Menschen geben, die genauso denken und handeln wie ich. Und davon gibt es viele, viel mehr als du denkst." Und ohne ein weiteres Wort kniete sich Tarnus auf den staubigen Boden seines Ladens und machte sich daran, die Silberlinge aufzuheben. Ein Hochamt und ein Festmahl für Wiebke am Tag ihrer Hochzeit, einen Tag, den sie nie vergessen sollte. Und dann noch etwas für die Aussteuer. Vielleicht Bettwäsche, vielleicht ein Topf für die Küche. Und eine Behausung weitab vom Kattrepel. Doch als Tarnus sich wieder erhoben hatte und die eingesammelten Münzen auf seinem Sekretär ablegen wollte, war sein Besucher schon verschwunden.

Hiltrun und Isibert

Der Reisende, ein tüchtiger Gesell, hatte sein Studium an der Universität erfolgreich abgeschlossen. Obwohl seine Professoren ihn baten, ihnen weiter dienstbar zu sein, und ihm guten Lohn und die Möglichkeit boten, es ihnen gleich zu tun, wollte er lieber in die Welt hinaus. Er wollte ferne Länder kennenlernen und nicht nur das: Er wollte die Menschen sehen, mit ihnen sprechen und er wollte deren Erzählungen und Sagen von ihnen selbst hören.

So wählte er ein Schiff, welches nach Nordland aufzubrechen sich bereitete, handelte Logis und Mahlzeiten aus und bekam eine Kajüte neben der des Kapitäns. Vorher hatte er sich ein Gerät verschafft, welches in der Lage war, die Entfernungen zu überwinden, geheißen Fernglas, welches in einer wunderlichen Manufaktur in einer Stadt Mitteldeutschlands verfertigt worden war. Er ging also an Bord, verstaute seine bescheidenen Kleider unter der Koje, und begann seine Reise.

Das Schiff, ein altgedientes Segelschiff, nach dem höchsten Massiv in dem Helvetischen Gebirg „Monte Rosa" geheißen, führte seine Fahrt von der alten Hansestadt Bremen über das sturmgepeitschte Skagerrak in das Nordmeer. In der norwegischen Stadt Bergen wurde Rast gemacht; die Wasservorräte wurden aufgefüllt, neue Nahrung an Bord geholt und dann ging es weiter nach Norden. Die Insel Spitzbergen war das Ziel, dort sollten Kohle und Walfleisch aufgeladen werden. Der Reisende hatte auf diesem Teil der Reise noch keine Gelegenheit gehabt, längere Zeit an Land zu gehen, und es war mit den Menschen fremder Länder, die er gerne kennenlernen wollte, um ihren Geschichten und Erzählungen zu lauschen, so eine Sache, denn sie waren bis auf den kurzen Aufenthalt in Bergen ausschließlich auf See gewesen. So nahm der Reisende die Zeit auf See zum Anlass, an Deck von der Reling aus das Meer und den Horizont, die fernen Berge, die schroffen Fjorde und die Tiere im und auf dem Wasser zu beobachten. Dabei leistete ihm sein Fernglas gute Dienste. Dieses wurde auch von der Mannschaft und vom Kapitän bestaunt, da auf dem Schiff nur ein altes Einglas vorhanden war, welches allerdings noch nie versagt haben sollte.

Seine Mahlzeiten hatte er in der Mannschaftsmesse einzunehmen. Hier ging es grob her. Die Matrosen waren aus aller Herren Länder. Der Schiffsarzt war ein alter Haudegen, der sich unter den Matrosen mit seiner Kunstfertigkeit brüstete, in kürzester Zeit ein Bein oder einen Arm amputieren zu können. Er nannte sich einen Chirurgicus, doch aus der Mannschaft hatte der Reisende erfahren, dass er lediglich ein alter Feldscher war, der an vielen Schlachten teilgenommen hatte. Das Essen war öde und eintönig, es gab gebackene Kartoffeln und irgendwelchen Fisch dazu, den einer der Matrosen mit einer Angel aus dem Meer gezogen hatte. Dem Koch mangelte es an Speck oder Fett zum Braten, von Butter konnte keine Rede sein, denn diese gab es nicht auf dem Schiff. So kam es dazu, dass die Fischgerichte fast verbrannt oder im Gegenteil noch halb roh auf den Teller kamen. Ab und zu lud der Kapitän den Reisenden an seine Tafel, die er in seiner Kapitänskajüte einnahm. Die gebackenen Kartoffeln waren auch nicht besser als in der Mannschaftsmesse, aber der Fisch war gedünstet und mit Zitronensaft beträufelt, so dass es dem Reisenden besser schmeckte. Der Kapitän verfügte über einen gewissen Vorrat an Rum, den er zu bestimmten Gelegenheiten seinem Gast anbot.

Wann immer das Wetter im sturmgepeitschten Nordmeer es zuließ, begab sich der Reisende an Deck und betrachtete die Landschaft am Horizont, die steilen Berge im Nebel und, wenn der Nebel aufriss, die Sonnenstrahlen, die sich in der See widerspiegelten. Seevögel umflogen das Schiff und große Fische nutzten die Bugwelle des Schiffes, um sich von ihr forttreiben zu lassen. Ab und zu gesellte sich der Schiffsarzt zu ihm, stellte sich an die Reling und betrachtete zunächst schweigend das Treiben der Tiere um sie herum. Später bemühte er sich, dem Reisenden die Tierwelt, die Inseln und die Fahrstrecke zu erklären. Der Reisende sah Delphine, die sich in der Bugwelle der Monte Rosa treiben ließen, sich auf den Rücken legten, als wollten sie spielen, um dann behende abzutauchen. Er sah den großen Albatros, der sein ganzes Leben lang über dem Meer schwebte und nur zum Brüten an Land ging. Fabeltiere mit einem Horn auf der Nase zogen vorbei, prusteten, um eine große Fontäne aus dem Meer in den Himmel zu blasen. Der Schiffsarzt erklärte ihm, das seien Narwale, die Einhorne des Nordmeeres. Aber so sehr sich der Reisende auch bemühte, diesem seltsamen Manne Weiteres zu seiner Vergangenheit und seiner jetzigen Aufgabe zu entlocken, jedes Mal beendete dieser das Gespräch ohne Vorankündigung und verließ polternd das Deck.

So standen sie wieder einmal an Deck an der Reling. Ab und zu tauchte ein Seehund auf, erhob seinen Kopf aus dem Meer, um wieder abzutauchen. Weiteres Meeresgetier ließ sich sehen und der Reisende lernte vom Schiffsarzt, einen Seehund von einer Kegelrobbe zu unterscheiden. Und einmal, als der Reisende wieder einmal den Kopf eines Seehundes oder einer Kegelrobbe erspäht hatte und sein Fernglas seinem Nachbarn reichte mit der Bitte, ihm doch zu sagen, um welch ein Tier es sich handele, nahm dieser das Glas, blickte hinein und sagte seufzend: „Ich weiß es nicht. Vielleicht ist es die Hiltrun." Nahm das Glas von den Augen, reichte es dem Reisenden und war verschwunden.

So gab es vieles, was der Reisende anzusehen oder über welches er nachzudenken hatte. Er versuchte sich, seine Passage so angenehm wie möglich zu gestalten, wenngleich die Möglichkeit, fremde Länder auch wirklich zu betreten und die Einwohner anzusehen und mit ihnen zu sprechen, bisher noch nicht eingetreten war.

Eines Tages kam ein Sturm auf. Der Reisende hatte beobachtet, wie die Wellen stärker wurden, die Dünung anschwoll, die Seevögel wegflogen und Delphine und Wale im Meer unter der Oberfläche verschwanden. Der Kapitän kam an Deck und machte ein sorgenvolles Gesicht. Er gab Befehl, die Segel zu reffen und Kurs auf einen nahegelegenen Fjord zu nehmen. Sie waren mit ihrer Reise schon auf der Höhe von Spitzbergen angelangt. Dieses Eiland liegt im Nordmeer weit vor der Küste Norwegens. Dort sind die Winde und die Wellen noch stärker als sonst im Nordmeer und der Reisende konnte sich davon ein Bild machen. Das Schiff wurde hin und her geschaukelt und es machte der ganzen Mannschaft Mühe, endlich den schützenden Fjord zu erreichen. Auch der Reisende bemühte sich, mitzuhelfen so gut er konnte, aber ihm fehlten die Kraft der Arme und die Erfahrung der Jahre. Im Fjord ließ der Kapitän den Anker werfen und obschon in Sicherheit, schaukelte das Schiff stärker als gewohnt.

„Haben wir es noch einmal geschafft", ließ er sich vernehmen. Er zog sich in seine Kajüte zurück, um dann später den Schiffsarzt und den Reisenden zum Abendessen zu sich zu bitten. Sie speisten, das Essen war nicht besser als sonst, und dann stellte der Kapitän drei Gläser auf den Tisch, goss Rum darein und erhob sein Glas. „Das Nordmeer ist tückisch", sprach er und leerte sein Glas. „Unser Handwerk ist gefährlich."

„Kapitän", sprach jetzt der Schiffsarzt und hob auch sein Glas. „Als ich mit unserem Reisenden am frühen Mittag an der Reling stand, habe ich wieder diesen Kopf im Wasser gesehen. Ich schwöre bei Gott, das war die Hiltrun. Und aus irgendeinem Grund sind die Wassergeister erzürnt. Denkt bitte nicht, ich sei wunderlich im Kopf, aber ich glaube, ich kenne den Grund."

„Sagt mir den Grund für unseren unfreiwilligen Aufenthalt hier in dem Fjord", ließ sich der Kapitän vernehmen. „Und vor allen Dingen, sagt mir eins: Was ficht euch an mit den Meeresgeistern? Sehet, unser junger Freund ist ein Wissenschaftler und mit logischem Denken vertraut, wie wollt ihr ihm klarmachen, dass in unserem Falle irgendwelche Fabelwesen ihr Spiel spielen?"

„Kapitän", sagte der Schiffsarzt und strich mit der Hand durch den grauen Bart, „es gibt Dinge zwischen Himmel und Erde, die entziehen sich unserer Vorstellungskraft. Aber wenn ich euch einen Rat geben darf, lasst die neue Flagge am Heck einholen. Sie zeigt eine Robbe. Nehmt sie weg! Es wird die Wassergeister besänftigen!" Der Kapitän lächelte zwar belustigt, gab aber dennoch den Befehl, die Flagge einzuziehen. Und als dieses beendet war, wandte sich der Schiffsarzt an den Reisenden: „Junger Mann, ich habe soeben von Hiltrun gesprochen und schon einmal früher. Auch wenn mir der Name in der Situation entfahren ist, ohne es zu wollen; so bin ich euch doch eine Erklärung schuldig. Ich werde euch eine Geschichte erzählen, und dann urteilt selbst."

Und er begann seine Erzählung:

Vor vielen, vielen Jahren gab es ein Volk, welches auf einer Insel im sturmgepeitschten Nordmeer lebte. Und wenn die Überlieferungen mich nicht trügen, so muss diese Insel eben dieselbe sein, die wir soeben erreicht haben, nämlich Spitzbergen. An der Spitze dieses Volkes stand ein großer Krieger, Mahmaud geheißen. Mahmaud war ein gewaltiger Mann, kein Mann konnte ihn besiegen, er führte seine Waffen wie ein großer Krieger und er sprach Recht, wie er es von seinen Ahnen und den Überlieferungen gelernt und übernommen hatte. Aber – er sprach es nach den alten Worten und so, wie es überliefert war, er sprach es nicht mit Weisheit und nie fällte er sein Urteil nach seinem Herzen. Von dem Weg, den er den geraden oder den gerechten nannte, wich er niemals ab.

Er war streng gegen sich selbst und seine Getreuen, beliebt war er nicht, aber er war erfolgreich in seinen Feldzügen und Schlachten und so kam es, dass er als Fürst seines Volkes unumstritten war. Seine Frau hatte ihm drei Söhne geboren, sie hielt zu ihm, auch wenn sie nicht immer einer Meinung mit ihm war. Es hätte ihr auch nicht angestanden, gegen ihn zu sprechen, denn des Mannes Wort galt damals alles und das der Frau nichts.

In seinem Volk gab es ein Mädchen, das hieß Hiltrun. Hiltruns Vater war, auch wenn er als ein Gefolgsmann Mahmauds galt, ein Fürst. Er hätte ein eigenes Reich haben können, aber er hatte zwischen der Frau, die er liebte, und seinem Reich wählen müssen. Und so hatte er sein Reich verlassen und war mit seiner Frau nach Spitzbergen gegangen, wo er seine Tüchtigkeit als Krieger und gerechter Anführer seiner Krieger unter Beweis stellen konnte. Mehr wusste Hiltrun nicht, denn ihre Eltern weilten nicht mehr auf dieser Welt und sie war in eine Pflegefamilie gegeben worden. Das Einzige, was sie von ihren

Eltern noch hatte, war die Erinnerung und ein Faustkeil aus grauer Vorzeit, den sie als eine Art Amulett ansah und der sie schützen sollte vor all den Dingen, die sie bedrückten und die sich wie dunkle Schatten auf ihr Gemüt legten.

Aber die Erinnerung war schön. Hiltrun erinnerte sich, wie sie aufgewachsen war im Dorf. Zum Dorf gehörte der Thingplatz und der endete in Form einer Felsnase über dem Fjord. Auf dem Thingplatz wurden die Beratungen und Verhandlungen gemacht und Recht gesprochen, aber wie oft hatte sie neben Isibert auf der Felsnase gesessen, die Beine in luftiger Höhe über dem Mahlstrome baumelnd, und sie hatten miteinander gelacht und eines Tages hatte dieser Isibert, dieser lachende Junge ihr gesagt, wenn er je einmal eine Frau freien sollte, dann wäre sie, Hiltrun, diejenige. Und sie hatte gelacht und gesagt, wenn sie jemals von einem jungen Mann gefreit werden sollte, dann von ihm, Isibert.

Und so waren die Jahre vergangen. Hiltrun lebte in ihrer Pflegefamilie und Isibert reifte langsam zum Krieger und immer, wenn er aus Feindesland zurückgekehrt war, trafen sie sich heimlich in einer Höhle oberhalb des Dorfes. Und hier umarmten sie sich in allen Züchten und schworen sich ewige Treue.

Mahmaud aber hatte niemanden, der ihn hinderte, all das zu tun, was er wollte, und so kam es, dass er für seinen erstgeborenen Sohn eine Frau ausgesucht hatte. Und die hieß Hiltrun, und diese, auch wenn sie schon eine junge Frau war und die Tochter eines Fürsten, galt als Waisenkind und hatte keine Rechte.

Hiltrun aber wusste, dass sie nur mit Isibert glücklich werden konnte und nur mit ihm. Sie würde sich Mahmaud widersetzen, und koste es ihr Leben. An einem Abend saß sie noch einmal mit Isibert in ihrer Höhle und sie sprachen miteinander. Isibert wollte mit ihr fliehen in ferne Länder und noch in derselben Nacht aufbrechen, aber es kam anders. Trompeten erschallten, um eine Versammlung auf dem Thingplatz einzuberufen und Mahmauds Krieger waren ausgeschwärmt, um Hiltrun zu suchen und vor Mahmaud zu bringen. Als sie ihren Namen rufen hörte, verließ sie schnell die Höhle, um Isibert zu schützen, und ließ sich von den Kriegern auf den Thingplatz bringen. Und Isibert folgte in gemessenem Abstand und mischte sich unter die übrigen Krieger. So stand dann Hiltrun vor Mahmaud und seinen Paladinen, sein ältester Sohn neben ihm, Frauen, Kinder und Greise dahinter, die Krieger daneben und der Fürst ließ sich vernehmen.

„Heute teile ich euch allen mit, dass ich meinen ältesten Sohn mit Hiltrun aus unserm Volk vermählen werde. Und diese beiden werden meinen Stamm fortführen, wie es Brauch ist." Und das Volk jubelte und die Trompeten erschallten. Aber als der Lärm sich gelegt hatte, sprach Hiltrun: „Nein, Fürst, ich werde nicht die Frau deines Sohnes werden: Ich liebe einen anderen und dem werde ich zur Frau und keinem anderen."

Da lachte Mahmaud ein dröhnendes Lachen, welches von der anderen Seite des Fjordes widerschallte und ging auf Hiltrun zu. „Frau", rief er, „niemand widersetzt sich meinem Willen." Und er wollte Hiltruns Hand ergreifen. Diese aber hatte den Faustkeil aus ihren Kleidern hervorgeholt und hielt ihn fest in der Hand. „Geh nicht weiter", rief sie und Angst lag in ihrer Stimme. „Ich werde mich wehren, und koste es mein Leben."

Und als er weiter auf sie zu ging, da nahm sie alle ihre Kräfte zusammen und hieb auf Mahmauds ausgestreckte Hand. Der stand da, sah auf seine Hand und wurde grau vor Zorn. Es war keine große Wunde, dazu reichte die Kraft der jungen Frau nicht aus, doch ein wenig Blut kam schon heraus. Hiltrun hatte keine Zeit zur Besinnung, schon hatten Krieger sie umringt und festgehalten.

Und Mahmaud stand da, seine Hand betrachtend, und sagte kein Wort. Und alle schwiegen um ihn herum und alle waren sich der Ungeheuerlichkeit dieser Tat bewusst. Dann kam es im Volk und bei den Kriegern zu Gemurmel, bis die Worte „Tötet sie, tötet sie" immer deutlicher erklangen. Da hatte sich Mahmaud wieder in seiner Gewalt. „Volk" donnerte er, „wenn hier jemand Recht spricht, dann bin ich das. Aber niemand wird von mir sagen, ich spräche im Zorn Recht über eine wehrlose Jungfrau. Der Ältestenrat wird richten, und zwar zugleich."

Da traten die Ältesten zusammen und Hiltrun wurde festgehalten von einigen Kriegern. Sie wusste, was für ein Urteil gefällt werden würde, aber sie bereute nichts. Bang war ihr nur für Isibert, der inmitten der anderen Krieger stand, aber ihr nicht helfen konnte, dafür waren es zu viele. Sie wollte ihn schützen. Und sie hoffte nur, dass er seine Stimme nicht erheben würde, denn dann war sein Schicksal gleichsam besiegelt. Den Faustkeil hatte sie wieder in ihren Kleidern geborgen. Er war blutig, aber sie wusste, es war keine blutige Tat, es war eine gerechte.

So stand sie da, von den Kriegern gehalten und nur zu der Felsnase über dem Mahlstrom war der Weg frei. Und dann kamen die Männer des Ältestenrates und Risto der Seher verkündete das Urteil.

„Wagst du zu wehren Mahmauds waltigem Wollen
Spring in den Strudel, schäumend und spritzend im Sturm
Schwimme im Strome mit Schollen schillernden Schelleises
Verlasse des Lebens leuchtendes Licht!"

Und Hiltrun drehte sich um und ging auf die Felsnase über dem Mahlstrom zu. Da aber wurde Isibert das Herz bang und er konnte es nicht mehr ertragen, was hier geschehen war. „Fürst", rief er, „nicht dieses Mädchen hat gefrevelt, ihr habt es. Ihr habt gefrevelt gegen die Überlieferung, gegen das Volk und gegen die Menschlichkeit. Ihr habt es nicht verdient, dass wackere Krieger fürderhin für euch fechten!"

Und er hieb sein Schwert so kräftig in den Boden, dass es darin bis auf die Klinge versank. Als er aber das getan hatte, ging ein furchtbares Dröhnen durch den Fels, welcher so erschauerte, dass alle zurücksprangen. Nur Isibert ging bis auf die Spitze der Felsnase vor zu Hiltrun und legte seinen Arm um sie. Niemand getraute sich, einzugreifen. Und Hiltrun legte ihre Arme um Isibert. So standen sie da in inniger Umarmung. Aber dann dröhnte es ein zweites Mal, der Fels barst und fiel, die beiden mit sich in die Tiefe reißend, in den Mahlstrom.

Der Schiffsarzt machte eine Pause, goss sich ein Glas Rum nach und blickte in die Kerzen. Der Kapitän und der Reisende taten es ihm nach. Auch sie blickten in die Kerzen, die langsam herunterbrannten. Zum Sprechen war ihnen nicht zumut. Irgendwann ließ sich der Kapitän vernehmen: „Schiffsarzt, ihr habt uns eine recht traurige Geschichte erzählt, aber was hat diese Geschichte mit unseren Erlebnissen hier auf See zu tun und mit unserer Flagge?"

Der Schiffsarzt wiegte seinen grauen Kopf hin und her. „Seht ihr, die Geschichte hat dann doch noch ein gutes Ende genommen. Vielleicht nicht so, wie es die Menschen gerne hätten, aber hört selbst.

Als die beiden Liebenden in den reißenden Mahlstrom gefallen waren, die ganze Felsnase noch über ihnen, da war ihr irdisches Leben im Grunde beendet. Aber die Wassergeister, denen das Tun auf dem Thingplatz natürlich nicht verborgen geblieben war, nahmen sich der beiden an. Dem Isibert konnten sie noch seine menschliche Gestalt wiedergeben. So hauchten sie ihm wieder Leben ein und eines Tages fand sich ein junger Mann mit einer Fischrute in der Hand, auf einem Felsbrocken sitzend, am flachen Strand des Nordmeeres wieder. Er saß da und sollte fischen, aber sein Herz war schwer. „Bei allen Göttern und Geistern und Elfen und Trollen", seufzte er, „was soll ich hier? Wäre ich doch nur im Mahlstrome geblieben wie meine Hiltrun." Und als er so saß mit seinen schweren Gedanken, da war es ihm, als hörte ein helles Rufen. „Isibert", rief es, „warum willst du nicht fischen?"

Und er blickte sich um und sah niemanden, aber dann sah er auf das Wasser. Eine Robbe kam in das flache Wasser der Bucht geschwommen und als sie näherkam, sah Isibert, dass diese Robbe das Gesicht, die Haare und die Stimme der Hiltrun hatte. Und es war seine Hiltrun, auch wenn sie ansonsten die Gestalt einer Robbe bekommen hatte."

Der Schiffsarzt lächelte. „Seht ihr, die beiden haben am Ende doch noch zueinander gefunden. Sie treffen sich jeden Tag, sie fangen Fisch, jeder auf seine Art, und abends sitzen sie am Strand, sprechen miteinander und erzählen sich von ihrer Liebe. Und ab und zu im Sommer gehen sie auch miteinander schwimmen. Und so sind sie für alle Zeiten miteinander vereint, denn für sie läuft nicht die Uhr menschlicher Vergänglichkeit. Ja, es war ein Stück Arbeit mit Hiltrun. Der Fels hatte ihren Körper zerschmettert, aber in ihrem Gesicht und vor allen Dingen in ihrer Seele waren noch Leben. So blieb nur noch übrig, ihr den Körper einer Robbe zu geben, um sie wieder mit Isibert zu vereinen.

„Schiffsarzt", rief der Kapitän in höchster Verwunderung, „was redet ihr da?" „Kommt mit", sagte der Schiffsarzt und hieß die beiden, mit ihm an Deck zu gehen. Der Mond schien hell und der Schiffsarzt wies auf die steilen Ufer des Fjordes. Direkt über ihnen war ein Plateau zu sehen, welches gegen den Fjord abbrach. „Das ist der Thingplatz, von dem ich erzählt habe. Die Felsnase ist abgebrochen. Hier sind die beiden in den Mahlstrom gestürzt und der Fels hat sie darüber hinaus noch unter sich begraben. Und, Kapitän, euer Schiff ankert da, wo sonst der Mahlstrom wirbelt und schäumt. Ihr habt gut daran getan, die Wassergeister zu besänftigen, indem ihr die Flagge mit der Robbe eingeholt habt. Die Wassergeister schätzen es nicht, wenn man ihrer spottet. Ihr scheint ein verständiger Mann zu sein, so habe ich ein gutes Wort für euch eingelegt. Und lernt aus meiner Geschichte. Mahmaud hat das nicht getan, sein Volk ist später vom Wasser verschlungen worden. So greifen wir Wassergeister manchmal in die menschliche Unvernunft ein. Ich habe vieles für Hiltrun tun können und jetzt bin ich ihr Pate und passe auf, dass die Menschen ihr nicht noch einmal Leides zufügen." So sprach er und sprang mit einem Hechtsprung von

Bord und dem Reisenden war es, als ob ein Delphin im Mondlicht aus dem Fjord heraus schwimme.

Der Kapitän und der Reisende blieben noch etwas an Deck, sprechen konnten und wollten sie nicht mehr. Dann legten sie sich hin und am nächsten Morgen – der Kapitän hatte wohl noch die Worte des Schiffarztes über den Mahlstrom im Sinne – gab er kopfschüttelnd den Befehl zum Aufbruch, und sie beeilten sie sich, im Fjord eine flachere, ungefährlichere Stelle zu finden, wo sie Wasser aufnehmen und rasten konnten. Hier gingen sie an Land. Der Schiffsarzt aber blieb verschwunden. Der Reisende, der in Gedanken war, machte einen Spaziergang am Strand. Und als er so auf dem Sand neben dem flachen Wasser daher ging, stieß sein Fuß an etwas Hartes. Und er bückte sich und sah er ein Gebilde aus Stein. Es war ein Faustkeil aus grauer Vorzeit. Er nahm ihn auf und wusste nicht, was er von alledem zu halten hatte. Was es Zufall oder Fügung?

Der Reisende war ein Mann von Vernunft und diese riet ihm, all das Erlebte könne nicht wahr sein, aber auf der Rückfahrt, bei der er – wie gewohnt – an der Reling stand und all das beobachtete, was um ihn herum auf dem Nordmeere vorging, überkam ihn doch immer wieder das Bedürfnis, mit dem Fernglas die Meeresoberfläche abzusuchen nach einer Robbe mit dem Gesicht einer jungen Frau. Aber er fand sie nicht. Er hatte den Faustkeil in sein Reisegepäck gelegt und hielt ihn auch später in allen Ehren. Er nahm sich später eine nicht minder vernünftige Frau, sie beide hatten Kinder, die den rechten Weg machten, und als er seine Zeit gelebt hatte, nahm ihn Gott in Frieden zu sich. Der Faustkeil aber blieb in der Familie und noch heute kann er die Geschichte von Hiltrun und Isibert erzählen.